Thomas Laubach

Liturgische Adventsfeiern

HERDER

GEMEINDEPRAXIS

Thomas Laubach

Liturgische Adventsfeiern

Gottesdienste
für Jugendliche und Erwachsene

Mit CD-ROM

HERDER

FREIBURG · BASEL · WIEN

www.herder.de

Umschlaggestaltung: Finken & Bumiller
Umschlagmotiv: photocasepp7kmgbk.jpg
© www.photocase.com/ designritter

Satz- und CD-ROM-Gestaltung: SatzWeise, Föhren
Herstellung: fgb · freiburger graphische betriebe
www.fgb.de

Gedruckt auf umweltfreundlichem, chlorfrei gebleichtem Papier
Printed in Germany

ISBN 978-3-451-32813-8

Inhalt

Vorwort

In der Kärtner Kirchenzeitung gab es 2008 den ultimativen Test: »Welcher Adventtyp sind Sie?« Anhand von sechs Themenbreichen wie »Der Advent beginnt gefühlsmäßig für mich …« oder »Der schönste Adventsbrauch ist …« konnte ich feststellen, ob ich ein »materieller Typ«, ein »Adventsapostel und Konsumverweigerer« oder ein »übermotivierter Adventsromantiker« bin.
Ich hatte den Eindruck: Ich bin von jedem etwas. Mit Kaufrausch und vorgezogener Weihnachtsstimmung im Oktober kann ich wenig anfangen, aber auch nicht mit übermäßiger Konsumkritik und verkniffenem Adventsfasten. Mir gefallen hellerleuchtete Fußgängerzonen genauso wie der selbstgemachte Adventskranz auf unserem Esstisch. Und ich finde es wichtig, zwischen Advent und Weihnachten zu unterscheiden. In meiner Familie gibt's zum Beispiel die Plätzchen erst an Heilig Abend und nicht schon am ersten Advent. Aber ich finde es auch schön, schon im Advent mit Stern und Kerzen auf die Weihnachtszeit eingestimmt zu werden.
In den zehn Wortgottesdiensten zum Advent findet sich deshalb weder eine Konsumschelte noch eine Weihnachtsseligkeit wieder. Die Gottesdienstangebote wollen vielmehr der Lebenssituation von Jugendlichen und Erwachsenen Rechnung tragen. Und sie wollen es ermöglichen, eine Haltung in den Wochen des Advents zu entwickeln, die voll Freude auf Weihnachten zugehen lässt.
Ich würde mich freuen, wenn dieses Buch dazu beiträgt, dass der Advent in Gemeinden und Gruppen zu einer erfüllten Zeit wird. Und ich hoffe, dass es all denen hilft, die diese Feiern vorbereiten.

Thomas Laubach

Hinweis zum verwendeten Liederbuch:
LHE: Das Liederbuch: Lieder zwischen Himmel und Erde, tvd-Verlag Düsseldorf.

Zu diesem Buch

Der Advent ist eine christliche Jahreszeit. Und nicht umsonst der Beginn des neuen Kirchenjahres. Hier fängt die Geschichte Gottes mit den Menschen, fängt aber auch die Geschichte des Menschen mit Gott Jahr für Jahr aufs Neue an, wird aufs Neue gefeiert, besungen und bedacht.
Letztlich geht es hier ums Ganze. Es kündigt sich an, was an Weihnachten deutlich wird – und was an Ostern ans Licht kommt: Gott steht zum Menschen. Nicht der Tod, sondern das Leben, die dauernde Geburt des Lebens hat das letzte Wort. Und in der Adventszeit besteht die große Gelegenheit, das immer wieder neu auszubuchstabieren. Die vorliegenden adventlichen Liturgien wollen das unterstützen.

Die Feier der Gottesdienste
In vielen Gemeinden gibt es bereits seit geraumer Zeit besondere Gottesdienste am Abend oder in der Nacht. Sie heißen »Zwischenraum«, »Adventure«, »Nachtzeit« oder »Night-Fever«. Und sie richten sich oftmals an spezielle Gruppen: Jugendliche, Erwachsene, ›Randchristen‹, Senioren …
Während die ›normale‹ Sonntagsliturgie ein öffentliches Geschehen ist, das für die gesamte Gemeinde gedacht ist, wollen die hier vorgelegten liturgischen Adventsfeiern ausdrücklich spezielle Zielgruppen ansprechen. Das ist keineswegs im Sinne einer Ausgrenzung gedacht. Es trägt vielmehr dem Umstand Rechnung, dass gerade spezielle Zeiten im Kirchenjahr, wie etwa die Adventszeit, ganz verschiedene Themen und Fragen in unterschiedlichen Gruppen der Gemeinde hervorrufen. Dabei sind die Gottesdienste zwar durch eine abendliche Stimmung geprägt, sie können aber mit Ausnahme der Liturgien 4 und 7 auch am Nachmittag oder als Frühschichten gefeiert werden.

Die Zielgruppen
Die Gottesdienste sind ausdrücklich für Erwachsene und Jugendliche entworfen und knüpfen an ihren unterschiedlichen Lebenssituationen an. Dabei sind die Gottesdienstformen recht offen gehalten, um in besonderer Weise auch ›Randchristen‹ anzusprechen, die eine Einstimmung in die Adventszeit suchen, mit den klassischen Formen der Liturgie aber nicht vertraut sind.

Der rote Faden der Gottesdienste für Erwachsene

Die Gottesdienste für Erwachsene im Advent legen ihren Schwerpunkt auf das Thema der Geburt. Das liegt nahe, denn Weihnachten erzählt die Geschichte einer Geburt. Doch die Tatsache, dass das Kind in diesem Fall Gott selbst war, lässt uns leicht vergessen, dass hier eine Erfahrung thematisiert wird, die alle Menschen verbindet. Denn selbst wenn wir keine Erinnerung mehr an unsere eigene Geburt haben: Jahr für Jahr, an unserem Geburtstag, werden wir daran erinnert. Vielleicht haben die Eltern uns erzählt, wie es damals war, oder wir haben selbst einem Kind das Leben geschenkt. So oder so: Die Geburt ist für jedes Leben entscheidend.

Der Advent, das wollen die Gottesdienst in ihrer Summe deutlich machen, erzählt nicht mehr und nicht weniger als die Geschichte jedes einzelnen Lebens: Wo komme ich her? Was bringt mich zur Welt – und was bringe ich zur Welt? Was macht mich lebendig? Was verleiht mir Flügel und lässt mich frei sein? Wie führe, gestalte, lebe ich mein Leben? Wie gehe ich mit Höhen und Tiefen auf meinem Lebensweg um? Und: Welche Hoffnung trägt mich?

Der rote Faden der Gottesdienste für Jugendliche

Die Gottesdienste für Jugendliche nehmen vor allem ihre eigene adventliche Lebenssituation in den Blick. Denn Jugendliche befinden sich selbst ja in einer Art Advent. Sie sind dabei, ihren Platz in dieser Welt zu finden. Sie bewegen sich schon von zu Hause weg, sind aber auf der Suche nach einem Ort, an dem Sie ›neu‹ zur Welt kommen können. An dem sie Raum für sich und ihre Ideen und Träume haben. Von daher haben die Themen der Gottesdienste immer den Advent von Jugendlichen und den Advent der Ankunft Gottes im Blick und verknüpfen beides miteinander.

Die Durchführung

In den Abläufen ist in der Regel von dem/der Leiter/in die Rede. Natürlich können diese Teile auch von anderen wahrgenommen werden, wenn zum Beispiel ein Vorbereitungskreis den Gottesdienst gestaltet. Hier gibt es die Möglichkeit, viele aktiv einzubinden und Aufgaben zu verteilen. Das sollte allerdings nicht zwischen Tür und Angel geschehen, sondern vorher abgesprochen werden. Auch können Textlesungen (biblische Texte oder Fürbitten) an anwesende Erwachsene oder Jugendliche verteilt werden. Diese sollten dann jedoch die Möglichkeit bekommen, die Texte vor dem Gottesdienst zu lesen und zu ›üben‹ – denn viele Texte leiden darunter, wenn sie unvorbereitet abgelesen werden.

Fünf Gottesdienste für Erwachsene

1 Vom Anfang

Nicht von schlechten Eltern

Zielgruppe:

Erwachsene. Angesprochen werden in besonderer Weise auch ›Randchristen‹, die eine Einstimmung in die Adventszeit suchen. Sie können durch diese offenere gottesdienstliche Form auf ihrem Weg durch die Adventszeit begleitet werden.

Dauer:

Ca. 45–60 Minuten

Hinweis:

Im Zentrum dieses Gottesdienstes stehen Texte und Aktionen zum Stammbaum Jesu und damit zu unserer eigenen Herkunft.

Material:

Liedzettel; Blatt mit Stammbaum (s. Kopiervorlage); Stifte; CD-Player/Musik zur Meditation

Chancen:

Jeder Mensch kommt irgendwo her, hat Eltern, Vorfahren. Seine bzw. ihre Geschichte ist mit den Geschichten anderer verknüpft. Der Blick auf die eigene Geschichte kann schmerzhaft und schön sein, kann mit Trauer erfüllen und zufrieden machen. Nicht immer lässt sich sagen: Ich komme nicht von schlechten Eltern. Aber wohl in jedem Stammbaum gibt es Sieger und Besiegte, Aufsteiger und ganz normale Menschen, die ihr Leben so gut lebten, wie es ging, gibt es Verlierer und Gewinner, zu früh Gestorbene, Verschwiegene und solche, an die alle gute Erinnerungen knüpfen.
Der Blick auf den Stammbaum Jesu, mit dem der Evangelist Matthäus seine Advents- und Weihnachtsgeschichte beginnt, macht deutlich: Dieser Jesus kommt zwar nicht von schlechten Eltern. Aber seine Vorfahren bilden eine ziemlich bunte Truppe: Könige und Mörder, Unbekannte, Stars und mittendrin vier Frauen. Diese Frauen teilen das gleiche Schicksal: Sie kommen als Fremde ins Land, sind Ausländerinnen, haben eine fremde Religion. Und trotzdem gehören auch sie in diesen Stammbaum hinein. Schließlich endet der Stammbaum Jesu bei Josef. Obwohl doch Maria, die Mutter Jesu, ihren Sohn zur Welt bringt, »ohne einen Mann erkannt zu haben« (Matthäus). Der merkwürdige Stammbaum legt uns nahe: Das Glück, das in Jesus zur Welt kommt, hat krumme Touren und Umwege hinter sich,

ist fremdgegangen und hat viel durchgemacht. Und trotzdem kommt es ans Licht. Das kann vielleicht gerade solche Menschen ansprechen, die Ähnliches in ihrem eigenen Leben, ihrem eigenen Stammbaum ausmachen. Und es kann ihnen helfen, sich mit der eigenen Geschichte zu versöhnen.

Vorbereitungen:

Stammbäume kopieren, Stifte bereitlegen, Kerzen/Teelichter vorbereiten. Der Raum, die Kapelle, das Seitenschiff einer Kirche sollte entsprechend der erwarteten Teilnehmeranzahl vorbereitet werden. Mit einem Stuhlkreis, einer gestalteten Mitte, den Liedzetteln auf den Stühlen. Für die Mitte werden gebraucht: eine Bibel, die Stammbäume, Kerzen/Teelichter.

Ablaufplan

Was?	Wer?
Begrüßung und liturgische Eröffnung	....
Lied	....
Szene: Alles auf Anfang	....
Aktion: Mein Stammbaum	....
Lied	....
Aktion: Entzünden von Kerzen	....
Gebet	....
Lied	....
Evangelium I (Mt 1,1–6)	....
Szene: Der fremde Anfang	....
Evangelium II (Mt 1,7–17)	....
Deutung	....
Lied	....
Gebet	....
Fürbitten	....
Vaterunser	....
Danklied	....
Szene: Vom Anfangen	....
Segen	....
Schlusslied	....

Begrüßung und liturgische Eröffnung

Leiter/in begrüßt und eröffnet dann die Adventsfeier mit einem Kreuzzeichen

Ich begrüße Sie ganz herzlich. Ich freue mich sehr, dass Sie da sind. Sie haben heute einen Anfang gesetzt. Indem Sie gekommen sind. Hierher, zu unserem adventlichen Gottesdienst. Einen Anfang, darum dreht sich heute alles. Und so möchte ich mit Ihnen zusammen anfangen:

> Im Namen des Vaters,
> der mit uns immer wieder einen Anfang macht;
> Im Namen des Sohnes,
> der einen Anfang gemacht hat;
> Und im Namen des Heiligen Geistes,
> der uns durch alle Anfänge trägt,
> wollen wir diesen Gottesdienst beginnen.

Lied

Ein neuer Anfang

Text: Thomas Laubach, Musik: Michael Lätsch, Ruhama 2009

Szene: Alles auf Anfang

Anspiel für zwei Personen

Einer: Alles auf Anfang!

Eine: Ein komischer Anfang!

Einer: Alles auf Anfang! Das sagt der Regisseur beim Film. Wenn eine Szene neu gemacht werden muss. Wenn alles noch mal von vorne anfängt.

Eine: Trotzdem: Das ist ein komischer Anfang!

Einer: Warum?

Eine: Weil doch jetzt das Jahr fast zu Ende ist. Da geht's nicht um einen Anfang. Da muss noch viel zu Ende gebracht werden.

Einer: Tatsächlich?

Eine: Natürlich. Es muss noch unheimlich viel erledigt werden. Steuerklärung machen. Letzte Weihnachtspost schreiben. Die Wohnung in Ordnung bringen. Tannenbaum kaufen.

Einer: Ich bleibe dabei: Alles fängt irgendwann mal an. Und es ist wichtig, sich an den Anfang zu erinnern.

Eine: Ist der Anfang wirklich so wichtig?

Einer: Ja, weil nichts vom Himmel fällt. Kein Leben, keine Liebe, kein Mensch, niemand. Alles fängt an. Und da ist die Frage: Wann fängt es an? Und wie?

Aktion: Mein Stammbaum

Leiter/in

Wann fängt es an? Und wie? Das sind die Fragen, die im Advent im Mittelpunkt stehen. Wir warten, dass etwas anfängt. Dass alles auf Anfang gestellt wird. Der Evangelist Matthäus erzählt in seinem Evangelium von diesem Anfang. Dem Anfang des Jesus von Nazareth. Ganz am Anfang aber steht nicht die Krippe und das Kind, sondern ein Stammbaum. Matthäus weiß: Kein Anfang fällt vom Himmel. Sondern hat eine Geschichte. So wie auch wir alle eine Geschichte haben.

Es ist wichtig, sich an die eigenen Anfänge, die eigene Geschichte zu erinnern. Sich zu fragen: Wo komme ich eigentlich her? Wer waren meine Eltern, meine Großeltern? Wir haben einen Stammbaum für Sie vorbereitet. Tragen Sie die Namen ein, die Sie kennen, die Ihnen einfallen. Machen Sie sich Ihre Geschichte, Ihre Herkunft deutlich.

Wenn Sie fertig sind, nehmen Sie sich etwas Zeit, sich mit Ihrem Stammbaum anzufreunden, vertraut zu machen.

Die Gottesdienstgemeinde bekommt Zettel ausgeteilt, auf denen ein leerer Stammbaum gezeichnet ist. Im Hintergrund kann Meditationsmusik laufen.

Lied

Nach einer Zeit der Stille lädt der/die Leiter/in zum gemeinsamen Singen ein

Da berühren sich Himmel und Erde (Thomas Laubach/Christoph Lehmann) in: LHE Nr. 2.

Aktion: Entzünden von Kerzen

Leiter/in oder jemand aus dem Vorbereitungsteam
Ich lade Sie ein, jetzt eine Kerze anzuzünden. Für alle Menschen in Ihrem Stammbaum. Wenn Sie die Kerze anzünden, können Sie dazu einen Satz sagen. Sagen Sie, was Ihnen bei der Arbeit an Ihrem eigenen Stammbaum aufgefallen ist, was Sie gefreut hat, was Sie bewegt hat, welcher Name, welche Erinnerung Ihnen wichtig geworden ist.
Jede/r kann eine Kerze anzünden. Dazu spricht, wer möchte, einen kurzen Satz, einen Gedanken.

Gebet

Nachdem niemand mehr eine Kerze anzünden möchte, trägt jemand aus dem Vorbereitungsteam den Text vor.

Dein Leben ist
Ein immerwährender Anfang
Jeden Tag
Musst du neu bestehen
Musst neu geboren werden

Das ist anstrengend
Und vielleicht trägst du schwer daran
Heute
Morgen
Oder viele Tage

Aber sei gewiss:
ganz egal
Wie deine Geschichte ist
Und welche Geschichten du
Auf den Schultern trägst
Du
Darfst aufrecht gehen

Du darfst
Aufrecht wachsen
Ein Baum sein
Ein Stammbaum des Lebens
Du darfst sein
Und wachsen

Lied

Es ist ein Ros entsprungen (Strophe 1)

1. Es ist ein Ros entsprungen
aus einer Wurzel zart,
wie uns die Alten sungen,
von Jesse kam die Art
und hat ein Blümlein bracht
mitten im kalten Winter,
wohl zu der halben Nacht.

Evangelium I (Mt 1,1–6)

Leiter/in oder jemand aus der Vorbereitungsgruppe
Der Anfang des Matthäus-Evangeliums erzählt von einem Stammbaum, der tief hinabreicht in die Erde, der tief wurzelt. Und der alles andere als schön und gerade gewachsen ist.

»Stammbaum Jesu Christi, des Sohnes Davids, des Sohnes Abrahams: Abraham war der Vater von Isaak, Isaak von Jakob, Jakob von Juda und seinen Brüdern. Juda war der Vater von Perez und Serach; ihre Mutter war Tamar. Perez war der Vater von Hezron, Hezron von Aram, Aram von Amminadab, Amminadab von Nachschon, Nachschon von Salmon. Salmon war der Vater von Boas; dessen Mutter war Rahab. Boas war der Vater von Obed; dessen Mutter war Rut. Obed war der Vater von Isai, Isai der Vater des Königs David. David war der Vater von Salomo, dessen Mutter die Frau des Urija war.«

Die Lesung wird durch eine Sprechszene unterbrochen.

Szene: Der fremde Anfang

Zwischenspiel für zwei Personen

Eine: Halt! Halt! Halt! Nicht so schnell.

Einer: Was hast du denn jetzt? Der Stammbaum ist doch noch gar nicht zu Ende!

Eine: Ja, hast du nicht aufgepasst? Da haben sich vier Frauen in den Stammbaum geschmuggelt.

Einer: Ganz schön viele. Eigentlich haben Frauen in einem Stammbaum nichts zu suchen. Es geht doch vor allem um Väter und Söhne, um die Männer.

Eine: Das ist ja bis heute so. Guck nur mal in der Kirche. Frauen haben da nur wenig zu sagen.

Einer: Und wie kommen die jetzt in den Stammbaum?

Eine: Weil die anders sind. Weil sie Fremde sind. Tamar, Rahab, Rut, Batseba, so heißt die Frau Urijas, die kommen alle aus dem Ausland, sind keine Jüdinnen.

Einer: Das heißt also: Jesus stammt von vier Ausländerinnen ab.

Eine: Genau: In seinem Anfang steckt das Fremde, das andere.

Einer: Vielleicht heißt das aber auch: Jesus selbst ist das Fremde, der Fremde. Sein Anfang ist fremd, anders.

Eine: Oder: Im fremden Anfang, im unbekannten, im ›ausländischen‹ Anfang kann auch das Glück stecken. Kann sich verstecken – da, wo niemand es vermutet.

Evangelium II (Mt 1,7–17)

Jetzt wird die Lesung wieder fortgesetzt.

»Salomo war der Vater von Rehabeam, Rehabeam von Abija, Abija von Asa, Asa von Joschafat, Joschafat von Joram, Joram von Usija. Usija war der Vater von Jotam, Jotam von Ahas, Ahas von Hiskija, Hiskija von Manasse, Manasse von Amos, Amos von Joschija. Joschija war der Vater von Jojachin und seinen Brüdern; das war zur Zeit der Babylonischen Gefangenschaft. Nach der Babylonischen Gefangenschaft war Jojachin der Vater von Schealtiël, Schealtiël von Serubbabel, Serubbabel von Abihud, Abihud von Eljakim, Eljakim von Azor. Azor war der Vater von Zadok, Zadok von Achim, Achim von Eliud, Eliud von

Eleasar, Eleasar von Mattan, Mattan von Jakob. Jakob war der Vater von Josef, dem Mann Marias; von ihr wurde Jesus geboren, der der Christus (der Messias) genannt wird. Im Ganzen sind es also von Abraham bis David vierzehn Generationen, von David bis zur Babylonischen Gefangenschaft vierzehn Generationen und von der Babylonischen Gefangenschaft bis zu Christus vierzehn Generationen.«

Deutung

Leiter/in
Auf den ersten Blick sieht dieser Stammbaum ziemlich gradlinig aus. Da scheint alles zu passen. Wie der Autor am Schluss selbstbewusst festhält: Vierzehn Generationen von Abraham bis David, vom Stammvater des jüdischen Glaubens bis zum großen König, vierzehn Generationen bis zur Babylonischen Gefangenschaft und wieder vierzehn Generationen bis zu Christus. Kann man nur sagen: Hut ab, dieser Jesus kommt nicht von schlechten Eltern.
Erst auf den zweiten Blick fallen allerdings zahlreiche Ungereimtheiten dieser Geschlechterfolge auf: Da wird uns doch eine ziemlich bunte Truppe präsentiert. Vier Frauen, die ziemlich unvermittelt Platz bekommen. Aber auch total unbekannte Könige. Es gibt ein paar Stars wie etwa Salomo, der für seine Weisheit bekannt war. Aber viele Namen, die sonst in der Bibel kaum mehr auftauchen. Und schließlich endet der Stammbaum Jesu bei Josef. Bei Josef? Gerade der soll doch mit der Zeugung seines Sohnes nichts zu tun haben. Und dann endet die Linie bei ihm. Merkwürdig. Einerseits sagt Matthäus, dass Maria, die Mutter Jesu, ihren Sohn zur Welt bringt, »ohne einen Mann erkannt zu haben«, andererseits spielt diese Maria im Stammbaum keine Rolle.
Der merkwürdige Stammbaum legt uns nahe: Das Glück, das in Jesus zur Welt kommt, hat krumme Touren und Umwege hinter sich, ist »fremdgegangen« und hat viel durchgemacht. Und trotzdem kommt es ans Licht.
Ein merkwürdiger Stammbaum – über den verfügen viele. Doch selten wird das so offengelegt wie am Anfang des Matthäus-Evangeliums. Ich erinnere mich noch an eine Wanderung, die wir mit Freunden gemacht haben. Unterwegs kamen wir natürlich übers Gehen miteinander ins Gespräch. Irgendwann landeten wir bei unseren Familien. Und wir stellten fest: In drei von vier Familien gibt es gut gehütete Geheimnisse, Sprechverbote, Tabus. Das Kind, das die Mutter verloren hat – und über das sie selten redet; die Tante, die unter Depressionen

leidet, sich verfolgt fühlt und in psychiatrischer Behandlung ist; der behinderte Bruder des Vaters, der von der Großmutter niemals als behindert bezeichnet wurde; die zweite Ehe des Großvaters – über seine erste Frau war nur wenig in Erfahrung zu bringen.

Da finde ich es tröstlich, dass der Stammbaum Jesu auch nicht ohne Verwachsungen und Verzweigungen ist. Und dass trotzdem diesem merkwürdigen Stammbaum der Messias, der Retter entspringen kann.

Das Matthäus-Evangelium beginnt mit dem Satz: »Das ist die Urkunde des Ursprungs Christi«. Es erzählt sozusagen die ›Entstehungsgeschichte‹ des Jesus von Nazaret. Die ersten Christen, für die Matthäus schreibt, waren überzeugt: Dieser Jesus ist der lang erwartete Messias, der Retter der Welt. Und der Evangelist will genau das verdeutlichen. Also erzählt er eine Art neue Schöpfungsgeschichte. Ihm geht es allerdings nicht um den Beginn der Geschichte der Welt und der Geschichte Israels, sondern er interessiert sich für das Ziel dieser Schöpfung. Matthäus ist sich sicher: Die Geschichte der Welt und die Geschichte Israels laufen auf Jesus zu; die Geschichte Gottes mit den Menschen erreicht in Jesus ihr Ziel. Wie schon die biblische Schöpfungsgeschichte, die Genesis, keine naturwissenschaftliche Erzählung ist, will auch Matthäus keine »Fakten« erzählen. Wenn Matthäus die Genese des Jesus vorlegt, dann ist klar: Er deutet die Welt, deutet Gottes Wirken in der Welt. Aber er sagt nichts über die Anfänge der Geschichte Jesu in genealogischer Hinsicht aus. Sondern er sagt: Gott setzt – durch alle Merkwürdigkeiten der Abstammung hindurch – einen neuen Anfang.

Lied

Leben ist ein Geschenk
(Thomas Laubach/Thomas Quast), in: LHE Nr. 160.

Gebet

Leiter/in oder jemand aus dem Vorbereitungsteam.

Jesus,
Du hast da eine feine Verwandtschaft.
Abraham, ein Vater, der seinen Sohn einfach so opfern will,
Jakob, der von seinen Brüdern betrogen wird,
und Juda, der seinen Bruder mir nichts, dir nichts verkauft,
und später mit Tamar, seiner Schwiegertochter, Kinder bekommt.
Da ist der Grundbesitzer Boas und Rut, die Heimatlose,
da ist Salomon, der weise König,
und David, der seinen besten Soldaten extra in den Tod schickt,
weil er seine Frau haben will.
Eine wirklich ›feine‹ Truppe.
Deine Familie war vieles, heilig sicher nicht.
Und bei Licht betrachtet tut das gut. Dein Stammbaum sagt uns:
Aus allem kann etwas wachsen und gedeihen.
Selbst aus dem, was nicht heilig,
was alltäglich oder schlecht ist
macht Gott einen Anfang,
einen neuen Beginn.
Dafür danken wir dir,
Gott.

Fürbitten

Leiter/in oder jemand aus dem Vorbereitungsteam. Die Fürbitten können auch an verschiedene Personen verteilt werden.

Oft genug ist das ein wichtiger Anfang: Dass wir etwas aussprechen, dass wir zu dem stehen, was uns bewegt und beschäftigt. Deshalb können wir jetzt unsere Bitten und Sehnsüchte sagen, offen aussprechen. Wir antworten gemeinsam auf die Fürbitten: Du Gott der Anfänge – sei bei uns.

Alle: Du Gott der Anfänge – sei bei uns.

Du, Gott, die heilige Familie war keine heile Familie. Das zeigt uns der Stammbaum Jesu deutlich. So, wie auch unsere Stammbäume keine heile Welt widerspiegeln. Sei du bei uns, damit wir uns mit unseren Geschichten versöhnen können.

Alle: Du Gott der Anfänge – sei bei uns.

Du, Gott, unsere Stammbäume sind oft keine geraden, gut gewachsenen Stammbäume. Sie sind krumm, bilden Gabelungen, haben viele Äste und verzweigen sich. Sei du bei uns, damit wir uns in unseren Geschichten nicht verirren.

Alle: Du Gott der Anfänge – sei bei uns.

Du, Gott, oft genug sind die anstehenden Anfänge so anstrengend, so schwierig, so belastend, dass wir sie gar nicht erst in Angriff nehmen. Hilf uns und allen Menschen, jeden Anfang neu zu bestehen.

Alle: Du Gott der Anfänge – sei bei uns.

Vaterunser

Leiter/in oder jemand aus dem Vorbereitungsteam
Gott hat mit Jesus einen unübersehbaren Anfang gesetzt. Mit seinen Worten sprechen wir gemeinsam.

Vater unser im Himmel …

Danklied

Laudate omnes gentes (Taizé)

Szene: Vom Anfangen

Nachspiel für zwei Personen

Einer: So sieht das mit dem Anfang aus!

Eine: Jetzt verstehe ich das auch.

Einer: Was genau?

Eine: Das Wort Anfang.

Einer: Wieso?

Eine: Da steckt das Wort »fangen« drin. »Etwas fangen« steckt im Anfang.

Einer: Um etwas zu fangen, muss ich mich anstrengen, mich bemühen, muss ich schnell sein.

Eine: Und manchmal hab ich auch einfach nur Glück, hilft mir der Zufall. Dann brauche ich nur die Hand auszustrecken und schon habe ich ihn, den Anfang.

Einer: Und manchmal muss ich ganz schön tief graben. Zum Beispiel in meiner Geschichte, um den Anfang zu entdecken.

Eine: Anfangen kann Arbeit bedeuten.

Einer: Aber es öffnet oft den Blick. Weil der Fang – aus der Nähe betrachtet – ganz neue Einsichten offenhält.

Eine: Zum Anfang wird.

Segen

Leiter/in

Gott, alles hat einen Anfang. Das wissen wir. Aber jedem Anfang geht immer ein anderer Anfang voraus. Und dann wieder ein Anfang. Wir stehen in Zusammenhängen, hängen zusammen mit der Welt, sind nicht allein, sondern eingewachsen in den großen Lebensbaum. So sind wir auch verbunden mit dir.
Und so stellen wir uns gemeinsam unter den Segen Gottes, der uns bei allen Anfängen begleitet.

Gott segne euch und behüte euch.
Gott lasse sein Angesicht leuchten über euch und sei euch gnädig.
Gott erhebe sein Angesicht auf euch und schenke euch seinen Frieden.
Amen.

Schlusslied

Gott sei über dir

Text (nach einem altchristlichen Segenswunsch): Thomas Laubach, RUHAMA 2006,
Musik: Thomas Quast, RUHAMA 2006

2 Von Botschaften

Engel machen Menschen Flügel

Dieser Gottesdienst entstand in seinen wesentlichen Elementen in Zusammenarbeit mit Sigrid Krämer und Anja Viviani.

Zielgruppe:

Erwachsene. Angesprochen werden in besonderer Weise auch ›Randchristen‹, die eine Einstimmung in die Adventszeit suchen. Sie können durch diese offenere gottesdienstliche Form auf ihrem Weg durch die Adventszeit begleitet werden.

Dauer:

Ca. 45–60 Minuten

Hinweis:

Im Zentrum dieses Gottesdienstes stehen verschiedene Engel-Attribute, die fragen lassen, was uns Engel heute sagen können.

Material:

Liedzettel; verschiedene Engel-Attribute (Schwert, Leiter, Brot/Wasser, Flügel, Decke); Bildkärtchen mit den Engel-Attributen (siehe Kopiervorlage auf CD-ROM); wenn keine Live-Musik da ist, einen CD-Player sowie Musik zur Meditation.

Chancen:

Engel sind derzeit auch jenseits der kirchlich engagierten Kreise sehr populär. Von einem Engelboom wird gesprochen. Die Adventsfeier knüpft hier an, lotet aber auch das Thema Engel in seiner Tiefe aus. Engel sind biblisch als Boten, als Mittler oder Werkzeug Gottes belegt, beschützen den Menschen und offenbaren endzeitliche Geheimnisse, sie gelten als himmlische ›Waffengefährten‹ – und übernehmen nicht zuletzt in den biblischen Geschichten der Menschwerdung eine zentrale Rolle. Engel sind zudem Gestalten auf der Grenze. Sie verbinden in der Tradition die Bereiche des Menschlichen und des Göttlichen. Dieser grenzgängerische Aspekt verbindet Menschen mit den Engeln. Und öffnet uns einen Blick auf das, was uns zu Engeln macht – oder wo wir eben ganz menschlich sind.

Vorbereitungen:

An Ständern, Stativen oder Ähnlichem werden die Attribute der Engel angebracht und dann gut sichtbar im Raum verteilt. Bildkärtchen mit den Engel-Attributen werden zu diesen Ständern gelegt. Der Raum, die Kapelle, das Seitenschiff einer Kirche sollte entsprechend der erwarteten Teilnehmeranzahl so vorbereitet werden, dass die Gottesdienstbesucher von ihrem Platz zu den einzelnen Engelattributen auch gehen können.

Ablaufplan

Was?	Wer?
Begrüßung und liturgische Eröffnung	. . . .
Lied	. . . .
Gebet	. . . .
Aktion: Engel – Einfall Gottes	. . . .
Psalmgebet (Psalm 91)	. . . .
Lied	. . . .
Evangelium (LK 1, 26–33)	. . . .
Ruf	. . . .
Meditation: Mein Engel	. . . .
1. Schwert	. . . .
Liedruf	. . . .
2. Leiter	. . . .
Liedruf	. . . .
3. Flügel	. . . .
Liedruf	. . . .
4. Brot und Wasser	. . . .
Liedruf	. . . .

Was?	Wer?
5. Decke	. . . .
Liedruf	. . . .
Aktion: Welcher Engel sagt mir was?	. . . .
Lied	. . . .
Dank und Bitte	. . . .
Liedruf	. . . .
Geschichte: Engel mit Flügelbruch	. . . .
Segenslied	. . . .

Begrüßung und liturgische Eröffnung

Leiter/in begrüßt und eröffnet dann die Adventsfeier mit einem Kreuzzeichen
Ich begrüße Sie ganz herzlich. Wir haben uns auf Sie gefreut, schön, dass Sie da sind. In diesen Tagen könnte ich immer wieder stöhnen: Es ist zum Fürchten, nur noch ein paar Tage bis Weihnachten. Heute soll sich deshalb alles darum drehen, dass wir uns nicht fürchten brauchen. Dass Gott uns immer wieder durch einen Engel sagt: Fürchte dich nicht. Und so möchte ich mit Ihnen zusammen diese Adventsfeier beginnen

Im Namen des Vaters,
der uns immer wieder einen Engel schickt;
im Namen des Sohnes,
der von einem Engel angekündigt wird;
und im Namen des Heiligen Geistes,
der uns die Kraft gibt, andren ein Engel zu sein.

Lied

Fürchte dich nicht (Fritz Baltruweit), in: LHE Nr. 200.

Gebet

Leiter/in oder jemand aus der Vorbereitungsgruppe
Die dritte Dimension
Ist uns meistens verwehrt
Ich kann zwar nach oben sehen
Und ins Flugzeug steigen
Aber die Luft ist nicht mein Element
Ich atme sie
Und lebe von ihr
Aber ich beherrsche sie nicht
Die Weite des Himmels
Erfüllt mich mit Sehnsucht
Aber gestillt wird sie nicht

Aber wenn's eng um mich wird
Dann richte ich meinen Blick nach oben
Und entdecke
Wie viel Platz da ist
Welche Weite über mir
Wie viel Raum
Das ist das Reich der Engel
Sie erschließen den Zwischenraum
Zwischen Himmel und Erde
Einen Raum der Begegnung
Zwischen Gott und Mensch
Und so halte ich Ausschau nach dem
Was mir Flügel macht
Was mich leicht macht
Was mich schweben lässt

Aktion: Engel – Einfall Gottes

Leiter/in oder jemand aus der Vorbereitungsgruppe
Die meisten von uns stehen mit Engeln auf gutem Fuß. Heute gibt's Engelbücher und -figuren, Engelbilder, -anhänger und -karten. Sicher: Manche finden das alles zu kitschig und fromm, zu niedlich und putzig. Die meisten aber tun sich mit Engeln leicht. Fühlen sich behütet von einer unsichtbaren Macht, fühlen sich geborgen und machen das an ihrem Engel fest.
Vielleicht haben Sie solche oder ganz andere Ideen und Bilder, wenn Sie den Begriff »Engel« hören. Sagen wir uns gegenseitig, was uns Engel bedeuten, was wir mit Engeln verbinden.

Die Gottesdienstbesucher stellen ihre Ideen, Gedanken, Assoziationen in den Raum. Alles bleibt unkommentiert stehen und eröffnet so einen weiten Raum für den weiteren Verlauf der Adventsfeier. Wenn niemand mehr etwas sagen möchte, etwas Zeit lassen, damit die Gedanken nachklingen.

Psalmgebet: Psalm 91

Leiter/in oder jemand aus der Vorbereitungsgruppe
Engel spielen in der Bibel eine wichtige Rolle. Wir können jetzt an eine alte Tradition in der Kirche anknüpfen und gemeinsam einen Psalm beten, in dem es auch um Engel geht. Wir beten im Wechsel *(Männer/Frauen oder in zwei Gruppen, wie man zusammensitzt)*

Wer im Schutz des Höchsten wohnt / und ruht im Schatten des Allmächtigen,

der sagt zum Herrn: »Du bist für mich Zuflucht und Burg, / mein Gott, dem ich vertraue.«

Er rettet dich aus der Schlinge des Jägers / und aus allem Verderben.

Er beschirmt dich mit seinen Flügeln, / unter seinen Schwingen findest du Zuflucht, / Schild und Schutz ist dir seine Treue.

Du brauchst dich vor dem Schrecken der Nacht nicht zu fürchten, / noch vor dem Pfeil, der am Tag dahinfliegt,

nicht vor der Pest, die im Finstern schleicht, / vor der Seuche, die wütet am Mittag.

Fallen auch tausend zu deiner Seite, / dir zur Rechten zehnmal tausend, / so wird es doch dich nicht treffen.

Ja, du wirst es sehen mit eigenen Augen, / wirst zuschauen, wie den Frevlern vergolten wird.

Denn der Herr ist deine Zuflucht, / du hast dir den Höchsten als Schutz erwählt.

Dir begegnet kein Unheil, / kein Unglück naht deinem Zelt.

Denn er befiehlt seinen Engeln, / dich zu behüten auf all deinen Wegen.

Sie tragen dich auf ihren Händen, / damit dein Fuß nicht an einen Stein stößt;

du schreitest über Löwen und Nattern, / trittst auf Löwen und Drachen.

»Weil er an mir hängt, will ich ihn retten; / ich will ihn schützen, denn er kennt meinen Namen.

Wenn er mich anruft, dann will ich ihn erhören. / Ich bin bei ihm in der Not, / befreie ihn und bringe ihn zu Ehren.

Ich sättige ihn mit langem Leben / und lasse ihn schauen mein Heil.«

Lied

Herr, unser Herr (Peter Pawlowsky, Nikolaus Greitemann/aus den Niederlanden), in: LHE Nr. 192.

Evangelium LK 1, 26–33

Leiter/in oder jemand aus der Vorbereitungsgruppe
Gabriel heißt der Engel, der seinen großen Auftritt hat, als er Maria besucht. Ihr bringt er die Nachricht, dass Jesus geboren werden soll. Der Engel ist als Bote Gottes immer auch Bote der eigenen Person. Er ist Bote für das, was ich alles noch zur Welt bringen, was ich gebären kann. Er ist der Bote meiner Möglichkeiten, aber auch der Bote der Ängste, die mich daran hindern, neu anzufangen. Deshalb sagt der Engel: »Fürchte dich nicht« – und nimmt so Maria die Angst vor einem eigentlich unglaublichen Anfang.

»Im sechsten Monat wurde der Engel Gabriel von Gott in eine Stadt in Galiläa namens Nazaret zu einer Jungfrau gesandt. Sie war mit einem Mann namens Josef verlobt, der aus dem Haus David stammte. Der Name der Jungfrau war Maria. Der Engel trat bei ihr ein und sagte: Sei gegrüßt, du Begnadete, der Herr ist mit dir. Sie erschrak über die Anrede und überlegte, was dieser Gruß zu bedeuten habe. Da sagte der Engel zu ihr: Fürchte dich nicht, Maria; denn du hast bei Gott Gnade gefunden. Du wirst ein Kind empfangen, einen Sohn wirst du gebären: dem sollst du den Namen Jesus geben. Er wird groß sein und Sohn des Höchsten genannt werden. Gott, der Herr, wird ihm den Thron seines Vaters David geben. Er wird über das Haus Jakob in Ewigkeit herrschen und seine Herrschaft wird kein Ende haben.«

Ruf

Halleluja (Taizé)

Meditation: Mein Engel

Verschiedene Engel-Attribute sind an Ständern befestigt und stehen im Raum verteilt. Die Leitung oder auch verschiedene Menschen aus der Vorbereitungsgruppe stellen sich nach und nach zu einem der Engel-Eigenschaften und stellen sie vor. Dazwischen wird immer wieder ein ruhiger Liedruf gesungen.

Leiter/in oder jemand aus der Vorbereitungsgruppe
Die Engel der Bibel stehen für eine Botschaft, einen Auftrag, eine Herausforderung von Gott an uns. Sie bringen etwas Fremdes zu uns: Gott, der immer wieder fremd für uns ist. Die Engel aber überwinden die Distanz zwischen Himmel und Erde, zwischen Gott und Mensch. Ihre Botschaft, ihr Auftrag wird oft durch ein besonderes Kennzeichen verdeutlicht: durch ein Schwert, eine Leiter, einen Flügel, durch Brot und Wasser oder eine Decke.

1. Schwert

(Bezug: Gen 3, 23–24)
Da ist der Engel mit dem Schwert. Ein Türsteher fürs Paradies. Passt auf, dass sich Adam und Eva nicht wieder zurückschleichen in den Garten. Und steht dadurch selber auf der Grenze. Auf der Grenze zwischen Menschen und Gott. Auf der Grenze zwischen Alltag und Festtag. Auf der Grenze zwischen Leben und Tod. So einen Grenzgänger, einen Engel brauche ich auch. Einen, der mein Paradies bewacht. Das Wichtigste, was ich habe. Brauche ihn, damit er mich erinnert, was wirklich zählt. Und dann kommt Gott vielleicht ganz unverhofft zur Welt.

Stille

Liedruf

Hier kommt das Fremde uns nah
Text: Thomas Laubach, Musik: Thomas Quast

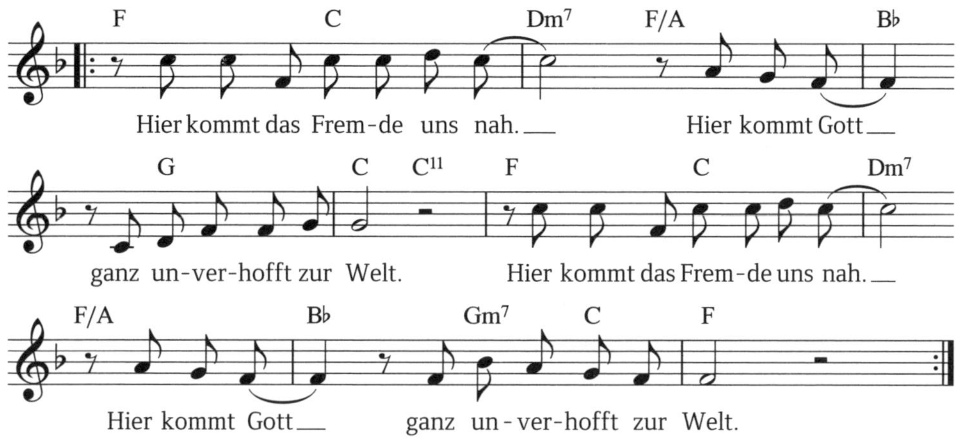

2. Leiter

(Bezug: Gen 28,10–17)
Da ist der Engel mit der Leiter. Im Traum sieht Jakob im Alten Testament, wie Engel auf einer Leiter zwischen Erde und Himmel hin und her gehen. Eigentlich eine absurde Idee. Wieso brauchen Engel Leitern? Die können doch fliegen. Aber diese Engel erzählen uns davon, dass der Himmel nicht einfach so auf die Erde fällt. Selbst Engel müssen da eine Leiter zur Hilfe nehmen. Eine Geschichte, die auch mir hilft. Denn wenn man mit einer Leiter den Himmel erreichen kann, dann kann ich vielleicht jeden Tag ein paar Stufen davon nehmen. Kann selbst Himmel und Erde verbinden. Und dann kommt Gott vielleicht ganz unverhofft zur Welt.

Stille

Liedruf

Hier kommt das Fremde uns nah

3. Flügel

(Bezug: 1 Kön 6, 23–29)
Da haben wir die Engelsflügel. Die sind uns in Fleisch und Blut übergegangen. Denn fast immer kriegen die Engel in der Kunstgeschichte Flügel verpasst. Ein tolles Bild: Die Schwerkraft kann den Engeln nichts anhaben. Alles, was nach unten zieht, was niederdrückt, das stört die Engel nicht. Ich gucke mich auch um nach dem, was mir Flügel macht, mich leicht macht, mich fliegen lässt. Und dann kommt Gott vielleicht ganz unverhofft zur Welt.

Stille

Liedruf

Hier kommt das Fremde uns nah

4. Brot und Wasser

(Bezug: 1 Könige 19, 4–8)
Da ist der Engel mit Brot und Wasser. Der lässt sich blicken, als der Prophet Elija nicht mehr mag. Der ist richtig lebensmüde, will nur noch sterben. Aber Gott schickt ihm einen Engel mit Essen und Trinken. Und das stärkt den Elija, lässt ihn die nächste Aufgabe in Angriff nehmen. So einen Engel, den hab ich nötig – vielleicht gerade kurz vor Weihnachten. Ein Engel, der mir echte Lebensmittel bringt, Mittel zum Leben, Mittel zum Aufleben. Und dann kommt Gott vielleicht ganz unverhofft zur Welt.

Stille

Liedruf

Hier kommt das Fremde uns nah

5. Decke

(Bezug: Ohne biblischen Beleg. Der Text bezieht sich auf ein romanisches Kapitell in der Kathedrale Saint-Lazare in Autun)
Da ist der Engel, der die Könige mit einer Decke zudeckt. Und während sie gut behütet schlafen, geht ihnen ein Stern auf. Sie kapieren, dass sie nicht dem Herodes – der Macht – folgen, sondern sich ganz auf das Kind ausrichten sollten. Zugedeckt, im Schlaf, geht uns manchmal auch ein Licht auf. Ich muss noch mal eine Nacht drüber schlafen, das sage ich – und hoffe, dass ich nicht auf die Macht hereinfalle, hoffe, dass ich wirklich meinen Stern sehe. Und dann kommt Gott vielleicht ganz unverhofft zur Welt.

Stille

Liedruf

Hier kommt das Fremde uns nah

Aktion: Welcher Engel sagt mir was?

Leiter/in oder jemand aus der Vorbereitungsgruppe
Wir laden alle ein, aufzubrechen, zu ›seinem/ihrem‹ Engel. Nehmen Sie sich eine Karte mit dem Engel-Attribut, das Sie gerade brauchen, nach dem Sie sich sehnen, das Ihnen gut tut. Nehmen Sie sich Zeit. Betrachten Sie in Ruhe das Bild. Fragen Sie sich: Welchen Engel brauche ich heute?

Dazu: meditative Instrumentalmusik
Nach einiger Zeit der Stille schließt sich das Lied an.

Lied

Welcher Engel wird uns sagen (Wilhelm Willms/Peter Janssens), in: LHE Nr. 7.

Dank und Bitte

Leiter/in oder jemand aus der Vorbereitungsgruppe
»Fürchte dich nicht«, sagt der Engel zu Maria. Auch wir brauchen uns nicht zu fürchten. Wir können in Stille oder laut unsere Gedanken, unsere Bitten, unseren Dank aussprechen. Als Antwort singen wir den Liedruf »Du bist da, Gott«.

Liedruf

Du bist da, Gott
Text: Thomas Laubach, Musik: Thomas Quast
aus: Ins gelobte Land, 1987

Leiter/in oder jemand aus der Vorbereitungsgruppe kann eine erste Fürbitte als Einstieg vortragen
Du Gott, schick uns immer wieder einen Engel, damit wir begreifen, was es heißt, ohne Furcht zu leben. Ohne Angst vor uns selbst, aber auch ohne Angst vor anderen.

Auf die folgenden freien Fürbitten bzw. den Dank folgt jeweils der Liedruf »Du bist da, Gott«

Geschichte: Engel mit Flügelbruch

Leiter/in oder jemand aus der Vorbereitungsgruppe
Mit einer himmlischen Engelsgeschichte möchte ich den Abend schließen.
Ich muss im Blumenladen ein bisschen warten, bis mein Strauß fertig gebunden ist. Ich guck mich um. Schlendere noch durch den Laden. Ich komme zu dem Regal mit reduzierter Ware und dann sehe ich ihn. In seiner ganzen Schönheit. Ein wunderbarer Engel aus Porzellan. Er schaut mich an und sagt: »Kauf mich«! Und eh ich mich versehe, habe ich ihn in der Hand und hör mich fragen: »Was kostet der?« »Ach, nicht so viel, der ist ja kaputt!« Jetzt erst sehe ich: Tatsächlich, dem Engel fehlt ein Stück vom Flügel.
Auf der Heimfahrt setze ich ihn auf den Beifahrersitz. Da kann ich ihn immer mal wieder aus den Augenwinkeln ansehen. Leider hab ich das Anschnallen vergessen. Bei der nächsten Ampel plumpst der Engel runter – und bricht sich auch noch den Arm. Zu Hause operiere ich den kleinen Engel. Mit Erfolg. Zum Glück.
Denn ich hab ganz schön viel von ihm gelernt. Gottes irdische Engel, also wir Menschen, die wir anderen Schutz und Hilfe sein wollen, wir müssen nicht perfekt sein, noch nicht mal unbeschädigt oder gar unversehrt. Im Gegenteil, ich bin mittlerweile der Überzeugung: Gott macht vor allem solche Leute zu Boten und hilfreichen Helfern, die selbst manche Bruchlandung hingelegt haben. Die irgendwelche Gebrechen und Verletzungen haben. Ich glaube, Gott braucht Engel mit Macken, mit Ecken und Kanten, braucht Leute, die wissen, wie sich das Leben anfühlt. Auch in seinen dunklen Ecken. Auch in der Trauer.
Das alles hat mir mein Engel mit dem Flügelschaden erzählt. Und darum habe ich ihn auch wieder verschenkt. Einem Freund, der ihn gebraucht hat. Und was soll ich sagen: Jetzt fliegt er wieder.

(nach einer Geschichte von Ludwig Burgdörfer)

Segen

Leiter/in oder jemand aus der Vorbereitungsgruppe

Es braucht nicht viel.
Ein Schwert, eine Leiter, Flügel, Brot und Wasser, eine Decke.
Manchmal sogar nur ein gutes Wort.
Eine Umarmung.
Und schon fühlt es sich an – wie ein Engel.
Guter Gott,
Wir bitten dich
Mache uns alle zu Engeln,
Dass wir anderen Hilfe, Nahrung, Lebensmittel sind
Und schick uns immer wieder einen Engel
Wenn wir ihn brauchen
Er darf auch ruhig einen Flügelschaden haben.
Und so segne euch der liebende Gott
Und schenke euch eine gute Nacht/einen guten Tag.

Segenslied

Gottes Wort ist wie Licht in der Nacht
(Hans-Hermann Bittger/Joseph Jacobsen) in: LHE Nr. 263

3 Von Begegnungen

Letzte Rast vor Betlehem

Dieser Gottesdienst entstand in seinen wesentlichen Elementen in Zusammenarbeit mit Sigrid Krämer.

Zielgruppe:

Erwachsene. Angesprochen werden in besonderer Weise auch ›Randchristen‹, die eine Einstimmung in die Adventszeit suchen. Sie können durch diese offenere gottesdienstliche Form auf ihrem Weg durch die Adventszeit begleitet werden.

Dauer:

Ca. 45–60 Minuten

Hinweis:

Im Zentrum dieses Gottesdienstes steht die Begegnung von Maria und Elisabeth als Erzählung von Rast und Aufbruch, von Losgehen und Atemschöpfen.

Material:

Liedzettel; CD-Player/Musik zur Meditation; Postkarten mit dem Magnifikat-Text (Kopiervorlage auf CD-ROM, auf Postkartengröße kopieren); A3- oder A4-Plakate mit den Verben aus dem Magnifikat.

Chancen:

Ein beliebtes Thema vieler Adventspredigten ist der alljährliche Vorweihnachtsstress. Der Hektik dieser Tage wird Ruhe und Besinnung als ›richtige‹ und ›gute‹ Zeit gegenübergestellt. Aber gerade Eltern mit Kindern wissen: Kurz vor der Geburt des eigenen Kindes ist es auch nicht ruhig, sondern vieles muss erledigt werden. Die Kunst besteht dann darin, sich bewusst Ruhe zu gönnen, sich trotz aller auch inneren Anspannung auf das Kind vorzubereiten. Die Begegnung von Elisabeth und Maria ist genau von diesen Polen geprägt: Unruhe und Ruhe, Aufbruch und Rast. Der Gottesdienst lädt ein, beides als Ausdruck des Lebens vor Weihnachten wahrzunehmen.

Vorbereitungen:

Der Raum sollte so vorbereitet werden, dass die Gottesdienstbesucher auch aufstehen und herumgehen können. In der Mitte sollte genügend Platz für das Auslegen der Plakate sein. Postkarten mit dem Magnifikat-Text müssen in genügender

Stückzahl vorliegen (s. Kopiervorlage auf CD-ROM). Die Plakate mit den Verben aus dem Lukas-Evangelium werden vorbereitet (s. Kopiervorlage auf CD-ROM) und im Verlauf des Gottesdienstes ausgelegt.

Ablaufplan

Was?	Wer?
Begrüßung und liturgische Eröffnung	. . . .
Lied	. . . .
Gebet	. . . .
Einladung zur Stille	. . . .
Lied	. . . .
Evangelium (Lk 1, 39–45)	. . . .
»Auslegung« des Evangeliums	. . . .
Aktion: Der Rast auf der Spur	. . . .
Lied	. . . .
Predigtgespräch	. . . .
Lied	. . . .
Gemeinsam beten: Das Magnifikat	. . . .
Aktion: Eine Aussicht auf Betlehem	. . . .
Lied	. . . .
Fürbitten	. . . .
Vaterunser	. . . .
Segen	. . . .
Lied	. . . .

Begrüßung und liturgische Eröffnung

Leiter/in begrüßt und eröffnet dann die Adventsfeier mit einem Kreuzzeichen

In diesen Tagen stöhnen viele: Keine Zeit für nichts, Hektik allerorten. Wir kommen gar nicht mehr zur Besinnung! Sagen manche. Und meinen: Wir rennen besinnungslos durch den Advent. Aber auch ein anderer Blick auf diese Zeit ist möglich. Denn warum sollen wir den Trubel, die Geschäftigkeit schlechtreden. Wer ein Kind bekommen hat, weiß: So richtig ruhig ist die Zeit nicht, letzte Besorgungen werden erledigt, der Koffer steht gepackt im Flur. Innerlich ist alles bereit. Und ich denke mir, dass auch bei Maria und Josef viel los war. Kurz vor einer Geburt: Das ist keine ruhige Zeit. Das könnte heißen: Wir können auch in diesen Tagen den Alltag, wie er nun mal ist, annehmen. Und dann ganz bewusst in aller Verpflichtung, in allem Trubel, in allem Gerenne zwischen hier und dort uns eine Rast gönnen. So, wie wir in dieser Feier. Auftanken, bevor es weitergeht Richtung Betlehem. Und so begrüße ich Sie

Im Namen des Vaters,
der uns zu Menschen macht;
im Namen des Sohnes,
der uns zeigt, was menschlich sein heißt;
und im Namen des Heiligen Geistes,
der uns beseelt, dass wir Menschen werden können.

Lied

Im Himmel – auf der Erde

Text: Thomas Laubach; Musik: Thomas Quast, RUHAMA 2008 © tvd-Verlag, Düsseldorf

Gebet

Leiter/in oder jemand aus dem Vorbereitungsteam

Ich bin da
Hier und jetzt
In diesem Augenblick
Darf ich da sein
Nur da sein
Auf meinem Platz
An diesem Ort

Du bist da
Sagt mir dieser Ort
Du hast Platz
Hier ist Raum für dich
Hier darfst du sein
So wie du bist

Du bist da
Das heißt:
Ich darf aufatmen
Pause machen
Loslassen
Frei sein

Ich bin da
So buchstabiert auch Gott
seinen Namen
Und ich spüre
An Leib und Seele
Was das heißen kann
Und wie gut das tut
Wenn jemand sagt:
Ich bin da

Einladung zur Stille

Leiter/in oder jemand aus dem Vorbereitungsteam

Einfach da sein. Das dürfen wir. Hier. Heute. Also kommen wir an. Legen wir ab, was uns hindert, einfach da zu sein: die Gedanken an den Tag; die Sorgen um morgen; die Müdigkeit am Abend; die Listen im Kopf mit dem, was noch zu tun ist. Einfach ablegen. Und ankommen.

Stille

Lied

Und meine Seele singt, Strophen 1 + 2

Text: Thomas Laubach, Musik: Thomas Quast © tvd-Verlag, Düsseldorf

Evangelium Lk 1,39–45

Leiter/in oder jemand aus dem Vorbereitungsteam
Einfach da sein. Nichts tun. Rasten. Das tut gut in diesen adventlichen Tagen. Und diese Erfahrung prägt auch eine biblische Geschichte, die von einer Rast erzählt, von einer Rast kurz vor Bethlehem, kurz vor der Geburt, kurz vor Weihnachten.

»Nach einigen Tagen machte sich Maria auf den Weg und eilte in eine Stadt im Bergland von Judäa. Sie ging in das Haus des Zacharias und begrüßte Elisabet. Als Elisabet den Gruß Marias hörte, hüpfte das Kind in ihrem Leib. Da wurde Elisabet vom Heiligen Geist erfüllt und rief mit lauter Stimme: ›Gesegnet bist du mehr als alle anderen Frauen und gesegnet ist die Frucht deines Leibes. Wer bin ich, dass die Mutter meines Herrn zu mir kommt? In dem Augenblick, als ich deinen Gruß hörte, hüpfte das Kind vor Freude in meinem Leib. Selig ist die, die geglaubt hat, dass sich erfüllt, was der Herr ihr sagen ließ.‹«

»Auslegung« des Evangeliums

Leiter/in oder jemand aus dem Vorbereitungsteam
Uns ist aufgefallen: Die Rast in dem Text ist alles anders als ein stilles Warten, alles andere als ein passives Abwarten. Sie ist auch mehr als nur ein Sich-hängen-Lassen. Sie ist auch mehr als nur ein »Mach mal halblang«. Die Rast ist voller Aktivität, sie wird gefüllt, aufgefüllt mit Sinn.
Um dem auf die Spur zu kommen, lesen wir den Text aus dem Lukas-Evangelium ein zweites Mal. Und dabei werden wir buchstäblich den Text auslegen. Wir breiten nämlich die »Tun-Wörter« aus diesen Zeilen tatsächlich hier auf dem Boden aus.

Leiter/in oder jemand aus dem Vorbereitungsteam liest den Text erneut, diesmal mit Pausen nach den Verben. Denn diese werden während der zweiten Lesung des Evangeliums im Raum ausgelegt: machte sich auf, eilte, ging, begrüßte, hörte, hüpfte, erfüllt sein, rief, gesegnet sein, kommen, glauben, sich erfüllen, sich sagen lassen. Doppelt vorkommende Verben werden nur einfach ausgelegt. Das Ganze mit reichlich Ruhe.

Nach einigen Tagen *machte*
sich Maria auf den Weg und *eilte*
in eine Stadt im Bergland von Judäa. Sie *ging*
in das Haus des Zacharias und *begrüßte*
Elisabet. Als Elisabet den Gruß Marias *hörte,*
hüpfte das Kind in ihrem Leib. Da wurde Elisabet vom Heiligen Geist *erfüllt*
und *rief*
mit lauter Stimme: *Gesegnet*
bist du mehr als alle anderen Frauen und gesegnet ist die Frucht deines Leibes.
Wer bin ich, dass die Mutter meines Herrn zu mir *kommt?*
In dem Augenblick, als ich deinen Gruß hörte, hüpfte das Kind vor Freude in meinem Leib. Selig ist die, die *geglaubt*
hat, dass *sich erfüllt,*
was der Herr ihr *sagen ließ.*

Aktion: Der Rast auf der Spur

Leiter/in oder jemand aus dem Vorbereitungsteam
Jede und jeder ist jetzt eingeladen, aufzustehen und diesen Wörtern, die hier auf dem Boden liegen, nachzugehen. Bleiben Sie an einem oder mehreren Wörtern stehen, die Sie ansprechen. Denken Sie es durch: Warum suche ich mir gerade dieses Wort aus? Spricht es mich an, provoziert es mich, stört es mich? Und: Was kann dieses Tun-Wort mir für Weihnachten sagen?

Die Gottesdienstbesucher können jetzt an den Verben entlanggehen. Möglicherweise scheuen einige davor zurück. Hier bietet es sich an, dass das Vorbereitungsteam einfach vormacht, was gemeint ist. In der Regel schließen sich dann alle anderen an. Lassen Sie genügend Zeit. Manche bleiben länger stehen. Andere können derweil schon wieder auf ihren Stühlen Platz nehmen.

Lied

Und meine Seele singt, Strophen 3 + 4

Predigtgespräch

Leiter/in oder jemand aus dem Vorbereitungsteam

Die Rast vor Betlehem, die Rast von Maria bei Elisabeth erzählt von einer rundum geglückten Begegnung. Eine Begegnung, die glücklich macht, die leicht und froh macht. Klar: Solche Begegnungen sind selten – und sie lassen sich nicht erzwingen. Aber wir können offen dafür werden. Indem wir die Haltungen üben, die Maria und Elisabeth auszeichnen.

Erste Haltung: In aller Hektik, allem Stress immer – noch – den anderen wahrnehmen.

Zweite Haltung: Auch wenn viel Lärm um uns ist, ein offenes Ohr für die andere haben.

Dritte Haltung: Bereit sein, dass etwas passiert, was nicht geplant ist.

Mit diesen drei Haltungen können Begegnungen geschehen, können Beziehungen zwischen Menschen wachsen.

Ich möchte Sie jetzt einladen, diese Haltungen ganz praktisch einzuüben. Wie das geht? Wir bilden kleine Gruppen. Und das heißt: Wir bewegen uns aufeinander zu, rücken vielleicht die Stühle zusammen. Vielleicht müssen Sie auch aufstehen und zu jemandem gehen.

Und dann machen Sie es wie Maria und Elisabeth. Erzählen Sie sich gegenseitig etwas Schönes – von heute oder aus vergangenen Tagen: ein Erlebnis, das sie beglückt hat, eine gute Nachricht, die Sie gelesen, gesehen, gehört haben, ein Augenblick heute, der Sie froh gemacht hat, kurz: etwas, das heute, gestern, vor ein paar Tagen geboren wurde oder bald zur Welt kommen kann; etwas, das unsere Rast heute Abend füllt und erfüllt.

Kleine Gruppen bilden. Auch hier können sich alle Zeit lassen.

Lied

Leise mit dem Kanon beginnen. Nach und nach können dann die Gespräche aufhören und sich mehr und mehr zum Singen zusammenfinden.

Der Himmel geht über allen auf (Wilhelm Willms/Peter Janssens), in: LHE Nr. 3.

Gemeinsam beten: Das Magnifikat

Leiter/in oder jemand aus dem Vorbereitungsteam
Maria macht eine Erfahrung, damals, kurz vor Betlehem. Der Himmel geht über ihr auf. Sie wird offen angenommen, ist herzlich willkommen. Das lässt sie singen. Ein neues Lied, ein unerhörtes Lied, ein ausgeruhtes Lied. Wir haben eine Neuvertonung dieses Liedes schon gesungen. Das Lied »Und meine Seele singt«. Jetzt können wir den biblischen Text gemeinsam beten. Sie finden den Text dieses Liedes auf der kleinen Postkarte auf Ihrem Platz. Wir beten im Wechsel, die rechte Seite fängt an.

Das Magnifikat (Lukas 1, 46–55)
Da sagte Maria: Meine Seele preist die Größe des Herrn,
und mein Geist jubelt über Gott, meinen Retter.
    Denn auf die Niedrigkeit seiner Magd hat er geschaut.
    Siehe, von nun an preisen mich selig alle Geschlechter.
Denn der Mächtige hat Großes an mir getan
und sein Name ist heilig.
    Er erbarmt sich von Geschlecht zu Geschlecht
    über alle, die ihn fürchten.
Er vollbringt mit seinem Arm machtvolle Taten:
Er zerstreut, die im Herzen voll Hochmut sind;
    er stürzt die Mächtigen vom Thron
    und erhöht die Niedrigen.
Die Hungernden beschenkt er mit seinen Gaben
und lässt die Reichen leer ausgehen.
    Er nimmt sich seines Knechtes Israel an
    und denkt an sein Erbarmen,
das er unsern Vätern verheißen hat,
Abraham und seinen Nachkommen auf ewig.

Aktion: Eine Aussicht auf Betlehem

Leiter/in oder jemand aus dem Vorbereitungsteam
Das Magnifikat ist nicht nur ein wunderbares Lied: Es klingt auch wie eine Definition von Weihnachten, wie das Regierungsprogramm des neuen Königs,

der da geboren werden will. Wie eine Postkarte aus einer sehnsüchtig erwarteten Welt. Einer gerechten, menschengerechten Welt.
Drehen Sie einfach ihre Karte mit dem Magnifikat herum. Sie ist leer, weiß. Es ist Ihre Seite. Malen/schreiben Sie doch eine Skizze dieser neuen Welt auf Ihre Postkarte. Vielleicht helfen Ihnen unsere Fragen weiter: Wie stelle ich mir Bethlehem vor? Was soll in mir neu geboren werden? Was soll in mir Mensch werden, bei mir menschlicher werden?

dazu Meditationsmusik

Lied

Magnifikat (Taizé)

Fürbitten

Leiter/in oder jemand aus dem Vorbereitungsteam. Die Fürbitten können auch an verschiedene Personen verteilt werden.

Liedruf zwischen den Fürbitten
Du sei bei uns (Thomas Laubach/Thomas Quast), in: LHE Nr. 180. (Mit Alternativtext: … höre du uns, Gott)

Wir haben heute eine kleine Rast gemacht. Eine Pause im Alltag. Das kann uns an andere Menschen denken lassen, die unsere Fürbitte nötig haben.

1. Du, Gott, lass alle Menschen Grund genug haben, die Größe Gottes zu loben, über Gott, ihren Retter, zu jubeln. Denn oft genug scheint die Lage rettungslos, oft genug gibt es scheinbar wenig Grund, zu loben.

2. Du, Gott, schau auf alle Menschen. Auch auf die, auf die sonst keiner sieht. Und tu Großes an ihnen. Denn oft genug scheint niemand ihnen beizustehen.

3. Du, Gott, erbarme dich der Menschen. Mach es doch endlich wahr, dass die Hochmütigen auf dem Boden der Tatsachen landen, und die Mächtigen vom hohen Ross heruntersteigen.

4. Du Gott, mach alle satt, die Hunger haben. Hunger nach einem Stück Brot, Hunger nach Gerechtigkeit, Hunger nach Sinn.

Vater unser

Leiter/in oder jemand aus dem Vorbereitungsteam
Oft fällt es uns schwer, eine Rast zu machen, eine Pause, aus der Neues wachsen und werden kann. Wir haben oft genug keine Zeit, Pause zu machen.
Es gibt ein Gebet, das hilft uns, die Maßstäbe wieder zurechtzurücken. Weil es unseren Blick auf das wirklich Wesentliche lenkt. Es ist das »Vaterunser«. Wir sprechen gemeinsam.

Vater unser im Himmel …

Segen

Leiter/in oder jemand aus dem Vorbereitungsteam

Wir haben zusammen gerastet
Haben aufgetankt
Ein kurzer Zwischenstopp
Wir wissen: Die Reise geht weiter
Es bleibt nicht immer so ruhig
Nicht immer so entspannt
Aber gestärkt durch diesen Abend
Können wir jetzt ein Wegstück weiter gehen
Dafür bitten wir Gott um seinen Segen

Gott möge euch
Nicht in Ruhe lassen
Aber immer wieder zur Ruhe kommen lassen
Gott möge euch
Immer wieder den Atem nehmen
Damit ihr neuen Atem schöpfen könnt
Gott möge euch
Auf eurem Weg zur Menschwerdung begleiten

Dass ihr Menschen werdet
Und so segne euch Gott
Und alle, die ihr unterwegs auf eurem Weg trefft
Amen

Lied

Bewahre uns Gott (Eugen Eckert/Anders Ruuth), in: LHE Nr. 81.

4 Von Lichtblicken

Wenn es auch Nacht ist

Zielgruppe:

Erwachsene. Angesprochen werden in besonderer Weise auch ›Randchristen‹, die eine Einstimmung in die Adventszeit suchen. Sie können durch diese offenere gottesdienstliche Form auf ihrem Weg durch die Adventszeit begleitet werden.

Dauer:

Ca. 45–60 Minuten

Hinweis:

Im Zentrum dieses Gottesdienstes steht die Erfahrung der Nacht. Und ein Ausblick auf den Morgen, der immer wieder die Nacht ablöst.

Material:

Liedzettel; Kerzen; Körbchen mit Stiften und Zettel mit dem Aufdruck »In mir ist es Nacht, wenn/weil ...« (Kopiervorlage auf CD-ROM)

Chancen:

Was gerne vergessen wird oder nur als romantisches Zubehör der Weihnacht dient: Gott kommt im Dunkel – der Welt – zur Welt. Kein rosiger Anfang, dieser Beginn, sondern eine dunkle Szene. Wir befinden uns bei dieser Geburt am Rand, draußen vor den Toren der Stadt, abseits der Lichter und Geschäfte. Nur ein paar armselige Hirten nehmen Notiz von dem Kind. Dass aus diesem Anfang etwas Großes entsteht, ist noch lange nicht ausgemacht.
Das ist eine möglicherweise gewöhnungsbedürftige Beschreibung von Advent und Weihnachten. Sie ermöglicht es aber, an Weihnachten nicht nur das Lichte und Helle wahrzunehmen, sondern auch das Dunkle, die dunklen Stunden, die viele Menschen erleben. Sie erleben: Ich bin eben nicht angenommen. Nicht erwünscht. Werde ausgeschlossen. Bringe eine geforderte Leistung nicht. Ich lebe auf der Nachtseite des Lebens: Lichtblicke fehlen, kein guter Stern steht über mir.
Der Gottesdienst lädt ein, auch die Nacht, das Dunkel als Ausdruck des Lebens vor Weihnachten wahrzunehmen und will Mut machen, daran zu glauben, dass auch im Dunkel Neues zur Welt kommen kann.

Vorbereitungen:

Der Raum, die Kapelle, das Seitenschiff einer Kirche sollte nur von Kerzen erhellt sein. Diese können im ganzen Raum verteilt stehen und ein gutes Licht geben. In der Mitte bzw. auf oder vor dem Altar stehen auch brennende Kerzen. Daneben stehen eine Karaffe mit Wasser und eine Schale. Alle Teilnehmerinnen und Teilnehmer bekommen bei ihrer Ankunft einen Liedzettel überreicht. Darauf findet sich auch das Gedicht von Johannes vom Kreuz.

Ablaufplan

Was?	Wer?
Begrüßung und liturgische Eröffnung	. . . .
Lied	. . . .
Aktion: Die Nacht ins Gebet nehmen	. . . .
Lied	. . . .
Litanei	. . . .
Johannes vom Kreuz: Auch wenn es Nacht ist	. . . .
Aktion: Lebendiges Wasser	. . . .
Lied	. . . .
Evangelium (Lk 2,8)	. . . .
Predigtgespräch	. . . .
Lied	. . . .
Lob, Dank, Bitte	. . . .
Vaterunser	. . . .
Segen	. . . .
Lied	. . . .

Begrüßung und liturgische Eröffnung

Leiter/in begrüßt und eröffnet dann die Adventsfeier mit einem Kreuzzeichen

Im Namen des Vaters,
der die Nacht und den Tag geschaffen hat;
im Namen des Sohnes,
der im Dunklen zur Welt gekommen ist
und die Finsternis durchleben musste;
im Namen des Heiligen Geistes,
der Licht in unsere Ängste schickt
und das Dunkel funkensprühend erhellen kann.

Herzlich willkommen heute Abend. Draußen ist es schon dunkel. Aber Sie haben sich aufgemacht und sind durch die Nacht gegangen. Haben dem Dunkel getrotzt. Das ist vielleicht nur ein kleiner Sieg heute. Aber er zeigt: Die Nacht, die Dunkelheit können wir manchmal doch bestehen. Und so möchte ich Sie alle begrüßen.

Lied

Auch die Finsternis (Original: La ténèbre – Taizé)

Aktion: Die Nacht ins Gebet nehmen

Leiter/in oder jemand aus dem Vorbereitungsteam

»Die Nacht wie der Tag sind beide Licht«. Jetzt, vor Weihnachten, lässt sich das erfahren. Die Tage werden immer kürzer, die Nächte immer länger. Aber gerade das macht viel vom Zauber dieser Tage aus: Erleuchtete Schaufenster und Kerzengemütlichkeit, die richtige Einstimmung auf die Weihnachtszeit. Die Nacht ist Licht – ohne Zweifel.

Aber die Nacht hat noch andere Seiten: Alles verliert seine Konturen, überall Schatten, die Nacht hat dunkle Seiten. Gerade in dieser Zeit erleben wir, dass Menschen auf der Schattenseite, der Nachtseite des Lebens stehen. Ohne Geld, ohne Ansehen, ohne Macht haben sie keine Chance, ins Licht zu treten. Und dann gibt es Menschen, die sagen: In mir ist Nacht.

Ich möchte Sie einladen, darüber gemeinsam nachzudenken. Zu fragen: Wann ist es in mir Nacht?
Wir haben kleine Zettel vorbereitet. Sie finden hier Stifte. Ergänzen Sie doch für sich auf einem oder auf mehreren Zetteln den Satz: In mir ist es Nacht, wenn/weil …

Die Schreibarbeit wird in Stille durchgeführt. Erst wenn erkennbar alle fertig sind und den Stift weglegen, geht der Gottesdienst weiter.

Wir sammeln jetzt die Stifte und Zettel ein. Unsere Nachtgedanken haben in unserer Mitte Platz. Hier sind sie gut aufgehoben. Wir singen dazu.

Das Körbchen mit den Zetteln wird in die Mitte zu den Kerzen und zum Wasser gestellt.

Lied

Bleib mit deiner Gnade bei uns (Taizé)

Litanei

Leiter/in oder jemand aus dem Vorbereitungsteam
Wir bitten Gott, dass er bei uns bleibt, in jeder Nacht. Wir antworten dabei gemeinsam: Sei bei mir.

Du Gott meiner dunklen Stunden – Sei bei mir
Du Gott meiner Einsamkeit – Sei bei mir
Du Gott meiner Niederlagen – Sei bei mir
Du Gott meiner Ängste – Sei bei mir
Wenn kein Stern über mir steht – Sei bei mir
Wenn es keinen Lichtblick gibt – Sei bei mir
Wenn alles dunkel bleibt – Sei bei mir
Wenn es Nacht ist – Sei bei mir
Du Gott meiner finstren Gedanken – Sei bei mir
Du Gott meiner Trauer – Sei bei mir
Du Gott meiner verpassten Chancen – Sei bei mir
Du Gott meiner Endlichkeit – Sei bei mir

Johannes vom Kreuz: Auch wenn es Nacht ist

Leiter/in oder jemand aus dem Vorbereitungsteam
Es gibt Menschen, die sich mit der Nacht im Menschen besonders auskennen. Das sind Psychologen, aber auch Menschen mit einer besonderen spirituellen Ader. Gottsucher. Denn die Suche nach Gott ist häufig von der Nacht begleitet, von dem Gefühl, sich in der Dunkelheit zu verirren. Viele haben deshalb Angst vor dem Dunkel. Sie wollen lieber klare Ansagen, eindeutige Glaubenssätze, einen hellerleuchteten Glauben. Der spanische Mystiker Johannes vom Kreuz (spanisch: Juan de la Cruz; 1542–1591, Mönch, Dichter, Kirchenlehrer) hat das Dunkel, die Nacht an sich selbst erfahren. Hat sich zutiefst von Gott verlassen gefühlt. Und hat doch die Nacht als Ausgangspunkt für seine Meditationen über Gott gewählt. Wir lesen eines seiner bekanntesten Gedichte.

Es kann reihum je einen Strophe von einer anderen Person gelesen werden.

Auch wenn es Nacht ist
Wie gut kenne ich die Quelle,
die sprudelt und fließt,
auch wenn es Nacht ist.
Jene ewige Quelle liegt im Verborgenen,
wie gut kenn ich ihr geheimes Versteck,
auch wenn es Nacht ist.

In der dunklen Nacht dieses Lebens,
gut, dass ich im Glauben die heilige Quelle kenne,
auch wenn es Nacht ist.

Seinen Ursprung ich nicht kenne,
ursprunglos, da aller Ursprung aus ihm stammt,
auch wenn es Nacht ist.

Ich weiß, dass es nichts Schöneres gibt
und dass Himmel und Erde von ihr trinken,
auch wenn es Nacht ist.

Jener ewige Quell liegt im Verborgenen
in diesem heiligen Brot, das uns Leben schenkt,
auch wenn es Nacht ist.

Von hier aus geht ihr Ruf an die Geschöpfe,
an diesem Wasser sollen sie sich laben,
auch im Dunkeln, weil es ja Nacht ist.

Jene lebendige Quelle, die ich ersehne,
in diesem Brot des Lebens erkenne ich sie wieder,
auch wenn es Nacht ist.

Johannes vom Kreuz, aus: J. Boldt: Johannes vom Kreuz, Mainz 1990, 75.

Aktion: Lebendiges Wasser

Leiter/in oder jemand aus dem Vorbereitungsteam
Johannes vom Kreuz spricht von der lebendigen Quelle. Wasser: ein elementares Lebensmittel. Und mehr: Jesus selbst bezeichnet sich als Wasser des Lebens. Die Menschen in seiner Nähe konnten spüren: Da strömt plötzlich Leben in meinen Adern. Wenn ich Jesus begegne, dann fühle ich mich erfrischt. Auch deshalb wird uns heute noch, wenn wir getauft werden, Wasser über den Kopf gegossen. Damit wir diese Lebendigkeit mitbekommen – auch wenn es Nacht ist.
Ich möchte Sie einladen, dem nachzuspüren. Ich nehme das Wasser und zeichne Ihnen ein Kreuz auf die Stirn. Ich segne Sie mit dem Wasser. Damit Sie sich immer daran erinnern: Gott möchte lebendige Menschen, Menschen, die im Licht stehen und nicht in der Nacht.
Wer möchte, kommt jetzt nach vorne und lässt sich segnen.

Leiter/in und/oder jemand aus dem Vorbereitungsteam (je nach Anzahl der Gottesdienstbesucher) nimmt die Karaffe und gießt etwas Wasser in die Schale. Mit dem Wasser ein Kreuz auf die Stirn zeichnen. Dabei lassen sich verschiedene Segensworte sprechen. Zum Beispiel: »Gott segne dich«; »Gott sei bei dir in der Nacht«; »Gott mache dich lebendig wie Wasser«.

Lied

Während der Segensaktion und danach
Nada te turbe (Taizé)

Evangelium: Lk 2, 8

Leiter/in oder jemand aus dem Vorbereitungsteam
Ein Theologe hat Betlehem einmal als die ›Nachtseite der frohen Botschaft‹ bezeichnet. Betlehem liegt ein paar Kilometer südlich von Jerusalem, abseits der großen Stadt. Der Ort war und ist überaus fruchtbar, allerdings verfügt er über keine eigene Wasserquelle. Die Wasserversorgung stellte daher schon immer ein Problem dar. Und hier, in dem geringen und trockenen Betlehem, soll ein neuer Herrscher, ein Messias, soll Gott geboren werden? Und tatsächlich, Gott wird in der Nacht, in einer Hütte, auf freiem Feld geboren.

Im Lukas-Evangelium (Lk 2, 8) heißt es:
»In jener Gegend lagerten Hirten auf freiem Feld und hielten Nachtwache
bei ihrer Herde.«

Predigtgespräch

Leiter/in oder jemand aus dem Vorbereitungsteam
Ich möchte Sie einladen, alle unsere Nachtgedanken zusammenzubringen. Unsere Nacht, die Nacht, in der wir andere Menschen wissen, die Nacht, die die Hirten auf dem Feld erfahren. Was heißt das für uns, wenn Gott in der Nacht, abseits der Scheinwerfer und Fernsehkameras geboren wird? Was heißt das für die Nächte heute?
Blicken Sie doch nach rechts und links, rücken Sie mit Ihren Nachbarn zusammen und tauschen Sie sich aus.

Jetzt wird Zeit für den Austausch gelassen. In der Regel bietet es sich nach drei bis fünf Minuten an, die Gespräche zu beenden – mit einer Einladung, sich wieder der ganzen Gruppe zuzuwenden und ein gemeinsames Lied zu singen.

Lied

Der Abend kommt
Text: Thomas Laubach (2009), Musik: Karl-Bernhard Hüttis (2009)

Lob, Dank, Bitte

Leiter/in oder jemand aus dem Vorbereitungsteam.
Wir können uns öffnen. Können ein Licht in unsere Nacht, in jede Nacht lassen. Weil wir glauben, weil wir hoffen, weil wir manchmal auch nur ahnen, dass uns Gott zur Seite steht, auch wenn es Nacht ist. Wir können bitten, dass wir und alle anderen Menschen das erfahren. Und wir können danken, dass Gott die Nacht ausgezeichnet hat. Indem Jesus inmitten der Nacht zur Welt kam. Und damit ist uns gesagt: Die Nacht ist nicht nur dunkel.
Bitten, Dank oder Lob können wir jetzt miteinander teilen, damit unsere Nacht hier heller wird.

Dazwischen kann erneut der Liedruf gesungen werden:
Bleib mit deiner Gnade bei uns (Taizé)

Vaterunser

Leiter/in oder jemand aus dem Vorbereitungsteam
Lebendiges Wasser. Das vertreibt nicht die Nacht, aber es erfrischt uns, bestärkt uns auf dem Weg durch die Nacht. Ich finde das wichtig: Es geht nicht darum, die Nacht zu vertreiben oder zu verleugnen. Johannes vom Kreuz sagt das ganz deutlich. Er spricht vom Glauben, »auch wenn es Nacht ist«. Und diesen Glauben können wir im »Vaterunser« in Worte fassen. Wir sprechen gemeinsam.

Vater unser im Himmel …

Segen

Leiter/in oder jemand aus dem Vorbereitungsteam
Wir hoffen, dass Sie heute Abend schon etwas von diesem Morgenrot gespürt haben, das wir gerade besungen haben.
Hier liegen noch die Zettel mit unseren Nachterfahrungen. Wir nehmen sie hinein in unser Gebet.

Wir bitten dich, Gott, dass du unsere Nacht und alle Nächte wandelst. Dass du aus ihnen Nächte machst, in denen etwas geboren wird und zur Welt kommt. Lass uns immer wieder angesteckt werden von deiner Lebendigkeit, von deinem lebendigen Wasser, dass wir in unseren Nächten nicht vertrocknen und eingehen, sondern wachsen und aufblühen.
Wir bitten dich Gott,
nimm uns zärtlich in deine Arme:
in jedem Menschen, der uns liebt,
in jedem guten Wort, das uns begleitet,
in jedem freundlichen Blick, der uns Aussicht gibt.
Und dämmre unsrer Nacht,
unsrer Sorgen und Ängsten
mit deinem neuen Morgen.
Und so segne euch Gott
und alle, die ihr unterwegs in die Nacht und aus ihr heraus begleitet.
Amen.

Lied

Von guten Mächten wunderbar geborgen (Dietrich Bonhoeffer/Siegfried Fietz), in: LHE Nr. 425.

5 Von guter Hoffnung

Wir werden das Kind schon schaukeln

Zielgruppe:

Erwachsene. Angesprochen werden in besonderer Weise auch ›Randchristen‹, die eine Einstimmung in die Adventszeit suchen. Sie können durch diese offenere gottesdienstliche Form auf ihrem Weg durch die Adventszeit begleitet werden.

Dauer:

Ca. 45–60 Minuten

Hinweis:

Im Zentrum dieses Gottesdienstes stehen das Lied des Zacharias (der Vater Johannes des Täufers) und die Betrachtung des Bildes »Geburt Christi, des Gottessohnes« von Paul Gauguin.

Material:

Liedzettel; Wiege mit Zetteln; Postkarte mit dem Benedictus (Kopiervorlage auf CD-ROM); Stifte; CD-Player/Musik zur Meditation, Bild von Gauguin (als Bilddatei auf CD-ROM), Beamer für die Bildbetrachtung (alternativ: Bild auf Zettel kopieren/auf Overhead-Folie, falls ein Projektor zur Verfügung steht).

Chancen:

Das Leben ist ein Kampf. Sagen die einen. Es ist ein Geschenk, sagen die anderen. In beidem aber steckt ein Aufforderungscharakter. Leben sagt: Mach was – mit mir, mach was – aus deinem Leben. In den Adventsgeschichten tritt uns ein ungeheurer Mut entgegen. Der Mut zum Leben. Maria, Josef, die ganze Welt scheint zu sagen: Wir werden das Kind schon schaukeln. Egal wie schwierig die Anfänge sein mögen. Und das heißt für mich: Ich darf hoffen, dass es irgendwie klappt, mit meinem Leben, mit all dem, was ich zur Welt bringen kann.

Vorbereitungen:

Zettel mit der Aufschrift »wir werden das Kind schon schaukeln« an der Wiege anbringen (sollte es Probleme geben, eine Wiege oder einen Stubenwagen aufzutreiben, kann man sich auch mit einem Bild oder nur einem Plakat behelfen). Beamer o. ä. für die Bildbetrachtung vorbereiten, Postkarte mit dem Benedictus-Text auslegen (auf die Rückseite kann das Bild von Paul Gauguin kopiert werden).

Ablaufplan

Was?	Wer?
Begrüßung	
Lied	
Liturgische Eröffnung	
Sprechszene: Eine Wiege	
Lied	
Gebet	
Evangelium (Lukas 1, 68–79)	
Bibelgespräch zum Benedictus: Das verheißene Kind	
Lied	
Bildbetrachtung: Das geborene Kind	
Lied	
Gebet	
Aktion: Das Kind schaukeln	
Vaterunser	
Segen	
Lied zum Schluss	

Begrüßung

Leiter/in begrüßt zu Beginn

Ich begrüße Sie ganz herzlich heute Abend. Wir tragen vielleicht noch Hektik in uns, Spannung. Bald ist Weihnachten. Und da gibt's sicher noch viel zu tun. Wir können ankommen, ruhig werden, entspannen, wenn wir gemeinsam singen.

Lied

Gott fängt im Menschen an

Text: Thomas Laubach; Musik: Michael Lätsch, RUHAMA 2008 © tvd-Verlag, Düsseldorf

Liturgische Eröffnung

Leiter/in eröffnet den Gottesdienst mit einem Kreuzzeichen

Im Namen des Vaters,
der in einem Kind beginnt;
im Namen des Sohnes,
der mit uns ist, wenn wir etwas nicht schaffen;
und im Namen des Heiligen Geistes,
der uns immer wieder neuen Lebensmut macht.
Amen.

Sprechszene: Eine Wiege

Sprechszene für 2 Sprecher

Sprecher 1 Sie sehen heute Abend hier in der Mitte eine Wiege. Daran hängen viele kleine Zettel, auf denen steht: Wir werden das Kind schon schaukeln. Ein altes Sprichwort. Es heißt übersetzt: Wir kriegen das schon hin.

Sprecher 2 Wir werden das Kind schon schaukeln. Ein gutes Motto für die letzten Tage vor Weihnachten. Weil es Mut macht. Weil es sagt: Wir schaffen das schon. Es wird schon gehen.

Sprecher 1 Wir werden das Kind schon schaukeln. Das sagt allen Eltern, aber auch allen Kindern etwas. Und damit allen Menschen. Es greift eine typische Familienhoffnung auf, gerade in stressigen Zeiten. Dass sich jemand findet, der das Baby in der Wiege sanft in den Schlaf schaukelt. Dass irgendwie der Tag überstanden wird.

Sprecher 2 Wir werden das Kind schon schaukeln. Ein Sprichwort, das auch auf Gott zutreffen könnte. Er schaukelt das Kind Jesus. Lässt es zur Welt kommen, lässt es durchkommen. Gott nimmt all seine Hoffnungen zusammen und kommt dem Menschen ganz nahe.

Sprecher 1 Und um diese Hoffnungen soll der heutige Abend kreisen. Die Hoffnungen, die uns immer wieder sagen lassen: Wir werden das Kind schon schaukeln.

Lied

Im Kleinen (Thomas Laubach/Thomas Quast) in: LHE Nr. 46.

Gebet

Leiter/in oder jemand aus dem Vorbereitungsteam

Gott
Wenn du kommst
In unsere oft so hilflose und mutlose Zeit
Dann mach uns deutlich
Dass du das Kind schaukeln kannst
Denn wir sehen das zu selten
Dass das Kind geschaukelt wird
Dass alles gut geht
Dass sich jemand all unserer Situationen erbarmt
In denen das Kind geschaukelt werden muss

Gott
Wenn du kommst
Dann rühre uns an
Dass wir selbst sehen
Wo ein Kind unsere Hilfe braucht
Wo etwas zum Himmel schreit
Und jemand fehlt
Der das Kind schaukelt
Der anpackt
Der Ruhe in die Sache bringt
Der kühlen Kopf behält
Und sich nicht abhalten lässt
Hand anzulegen
Dass das Leben weitergeht

Evangelium: Lk 1,68–79

Leiter/in oder jemand aus dem Vorbereitungsteam
Zacharias ist ein alter Mann. Kinder wird er wohl nicht mehr bekommen. Und als ihm ein Engel erscheint und ein spätes Kind ankündigt, da kann er seinen Augen und Ohren nicht trauen. Er glaubt nicht, dass sich in seinem Leben noch einmal etwas Entscheidendes bewegt. Er glaubt nicht, dass er noch etwas zur Welt bringen kann. Aber als dann Gott tatsächlich das Kind schaukelt, als Johannes der Täufer, der angekündigte Sohn auf die Welt kommt, da kann auch Zacharias nicht an sich halten. Er singt ein Lied, das bis heute gebetet wird.
Und das wollen wir auch tun. Wir beten im Wechsel, die Frauen fangen an, dann folgen die Männer. Sie finden den Text auf der kleinen Postkarte auf Ihrem Platz.

Gepriesen sei der Herr, der Gott Israels! Denn er hat sein Volk besucht und ihm Erlösung geschaffen;

> er hat uns einen starken Retter erweckt im Hause seines Knechtes David.

So hat er verheißen von alters her durch den Mund seiner heiligen Propheten.

> Er hat uns errettet vor unseren Feinden und aus der Hand aller, die uns hassen;

er hat das Erbarmen mit den Vätern an uns vollendet und an seinen heiligen Bund gedacht, an den Eid, den er unserm Vater Abraham geschworen hat;

> er hat uns geschenkt, dass wir, aus Feindeshand befreit, ihm furchtlos dienen in Heiligkeit und Gerechtigkeit vor seinem Angesicht all unsre Tage.

Und du, Kind, wirst Prophet des Höchsten heißen; denn du wirst dem Herrn vorangehen und ihm den Weg bereiten.

> Du wirst sein Volk mit der Erfahrung des Heils beschenken in der Vergebung der Sünden.

Durch die barmherzige Liebe unseres Gottes wird uns besuchen das aufstrahlende Licht aus der Höhe,

> um allen zu leuchten, die in Finsternis sitzen und im Schatten des Todes, und unsre Schritte zu lenken auf den Weg des Friedens.

Bibelgespräch zum Benedictus: Das verheißene Kind

Leiter/in oder jemand aus dem Vorbereitungsteam
Das Gebet des Zacharias, das Benedictus, besteht aus zwei Teilen. Der erste Teil preist Gott und seine Taten. Und er redet so, als wäre Gottes Zukunft schon da. Der zweite Teil ist ein Preislied auf ein neugeborenes Kind, eben auf Johannes den Täufer.
Ich lade Sie ein, dass wir uns gemeinsam über diesen Text austauschen. Dabei machen wir drei Schritte.

1. Wir tauschen uns aus, welche Aussagen des Textes uns ansprechen.
2. An manchen Textstellen kommen wir ins Nachdenken, wo meldet sich Widerspruch und warum.
3. Wir fragen nach den Hoffnungen in unserem Leben auf eine gerechte Welt.

Beginnen wir mit dem ersten Schritt: Welche Aussagen des Textes sprechen Sie besonders an? Und weshalb?

Insgesamt kann man sich für den Austausch ruhig zehn Minuten Zeit nehmen. Die einzelnen Schritte können je nach Gesprächsbedarf benannt werden und dienen der Gesprächsführung. Wenn also zu einem Schritt das Gespräch langsam zu einem Ende kommt, folgt der nächste Schritt.

Hier schließt sich ein zweiter Schritt in unserer Auslegung an: Wo mache ich ein Fragezeichen? An welcher Textstelle gerate ich ins Stocken, meldet sich Widerspruch? Und weshalb?

Jetzt können wir zum dritten Schritt kommen. Und uns fragen: Was mache ich denn? Wie halte ich denn in meinem Leben die Hoffnung auf eine gerechte Welt wach?

Lied

Leiter/in oder jemand aus dem Vorbereitungsteam lädt am Ende des Gesprächs ein:
Wir singen jetzt gemeinsam als Abschluss unseres Bibelgesprächs eine Übertragung des Benedictus in die Sprache und die Musik unserer Zeit.

Du kommst zu uns

Text: Thomas Laubach, RUHAMA 2005; Musik: Thomas Quast, RUHAMA 2005

Bildbetrachtung: Das geborene Kind

Paul Gaugin: Geburt Christi, des Gottessohnes (Te tamari no atua) (1896; 96 × 128 cm; Öl auf Leinwand; München, Neue Pinakothek). Das Bild wird mit Beamer und Leinwand projiziert oder es liegt als Postkarte vor.

Leiter/in oder jemand aus dem Vorbereitungsteam

Das Benedictus erzählt in starken Bildern von einem Gott, der ernst macht mit seinem Engagement für die Menschen. Aber die Geburt Jesu zeigt: Dieser Einsatz Gottes ist durchaus ungewöhnlich, kommt unerwartet. Und findet auf ganz andere Art und Weise statt, als viele sich das ausgemalt haben. Statt einem König gibt's ein Kind im Stall, statt der Weltherrschaft gibt es die Revolution der Liebe.

Von einer ungewöhnlichen Geburt erzählt auch das Bild des französischen Malers Paul Gaugin. Es heißt »Geburt Christi, des Gottessohnes«.

Das ungewöhnliche Bild eines ungewöhnlichen Mannes. Paul Gauguin lebte zwischen 1848 und 1903. Er war ein Pendler zwischen Frankreich und der Südsee. Wurde angezogen von den Farben dort, der unberührten Natur, dem Einklang von Mensch und Natur. All das fand er in Europa nicht.

Und seine Kunst spiegelt das wieder. Sie greift die Farben der Südsee auf – und verbindet sie auch mit den Themen seiner alten Welt. So malt Gaugin eine Geburtsszene, als seine Tochter Paura Weihnachten 1896 zur Welt kommt.

Wir sehen: Vorne liegt eine Frau, vielleicht Maria mit einem Heiligenschein, auf einem Bett. Im Bildhintergrund finden sich viele Anklänge an klassische Geburtsdarstellungen: eine Frau mit Kind, daneben möglicherweise ein Mann oder ein Engel, Tiere, ein Stall. Insgesamt erscheint die obere Bildhälfte »klassisch«, während die untere Bildhälfte völlig unweihnachtlich erscheint. Auffällig ist die, ich nenne sie einmal so, erschöpfte »Maria«. Es scheint sich um eine Szene kurz nach der Geburt zu handeln. Die Frau ist nur leicht bekleidet, ihr Körper ist sehr präsent. Es scheint, als liege der Fokus des Malers auf dieser Frau, nicht auf dem Kind, sondern auf der Frau als Frau. Ein Josef hat da keinen Platz und keine Bedeutung.

Und das Kind? Es ist weit weg, lässt sich nicht so einfach fassen und verstehen, entzieht sich auch den Eltern – oder wird ihnen entzogen. Einerseits sind die Köpfe von der Frau vorne und dem Kind hinten im Bild sich sehr nahe, andererseits aber hält die Frau die Augen geschlossen, schläft vielleicht.

Insgesamt empfinde ich die gesamte Darstellung als sehr fremd, befremdlich sogar. Und das bringt mich auf die Spur des Weihnachtsgeschehens. Eigentlich kennen wir uns ja aus mit Advent und Weihnachten. Und vergessen oft genug, dass bei der Geburt nichts Selbstverständliches passiert. Gaugin bringt das ins Bild. Wir finden nicht heraus, was die Frau denkt und fühlt, was sie empfindet. Und auch das Kind bleibt fremd. Wir sehen sein Gesicht nicht, ahnen nur, wie es aussieht.

Gottes Anfang mit dieser Geburt, er ist neu und anders – und enthält immer Ungewöhnliches, Befremdliches. Bis heute.

Lied

Ein neuer Anfang (siehe S. 13)

Gebet

Leiter/in oder jemand aus dem Vorbereitungsteam

Du, Gott, du kommst zu uns
Aber ist da überhaupt Platz?
Steht bei uns eine Wiege
In die wir dich legen könnten?
Haben wir schon alles bereitgelegt
Damit wir dich
Das Kind
Schaukeln können?
Haben wir überhaupt das Gefühl
Wir könnten so etwas wie dich
Gott
In unserem Leben brauchen?
Ein neues Kind
Einen Neubeginn
Etwas ganz und gar Neues
Das uns lebendig macht

Aktion: Das Kind schaukeln

Leiter/in oder jemand aus dem Vorbereitungsteam
An der Wiege hier in der Mitte hängen viele kleine Zettel. Auf denen steht geschrieben: Wir werden das Kind schon schaukeln. Ich lade Sie ein: Stehen Sie auf und reißen Sie sich einen Zettel ab.
Vielleicht ist Ihnen heute ein Gedanke, ein Satz, eine Idee wichtig geworden. Schreiben Sie diese einfach auf die Rückseite des Zettels.

Die Gottesdienstbesucher bekommen jetzt genügend Zeit, ihren Satz aufzuschreiben. Zum Abschluss erklärt die/der Leiter/in oder jemand aus dem Vorbereitungsteam, was mit dem Zettel passieren soll.

Nun bitte ich Sie: Stecken Sie ihn ein. Und wenn Sie Hektik und Stress überfällt in den letzten Tagen vor Weihnachten, ziehen Sie den Zettel aus der Tasche. Und erinnern Sie sich an die Hoffnung von heute: Gott wird das Kind schon schaukeln.

Vaterunser

Leiter/in oder jemand aus dem Vorbereitungsteam
Damit wir uns stärken für die nächsten Tage, beten wir das Gebet, das uns immer wieder in Erinnerung ruft: Gott ist wie Vater und Mutter, die das Kind schon schaukeln. Wir sprechen gemeinsam.

Vater unser im Himmel …

Segen

Leiter/in oder jemand aus dem Vorbereitungsteam

Gott möge
Immer bei euch sein
Auch wenn es nicht gut aussieht
Auch wenn scheinbar nichts geboren wird
Auch wenn scheinbar nichts zur Welt kommt
Denn
Gott
Es ist lebensnotwendig
Zum Leben notwendig
Dass wir immer wieder hoffen und sehen
Alles wird gut
Alles kann gut ausgehen
Wir kriegen das Kind geschaukelt

Und so segne euch der liebende Gott
Der zu euch hält an jedem Tag.

Lied zum Schluss

Bleib mit deiner Gnade bei uns (Taizé)

Fünf Gottesdienste für Jugendliche

6 Aufbrechen müssen

Zu Hause nicht zu Hause sein

Zielgruppe:

Jugendliche oder je nach gemeindlicher Situation auch junge Erwachsene. Ihnen bietet die offenere gottesdienstliche Form eine möglicherweise hilfreiche Wegbegleitung durch die Adventszeit.

Dauer:

Ca. 30–45 Minuten

Hinweis:

Im Zentrum dieses Gottesdienstes steht eine Liedmeditation.

Material:

Liedzettel; Moderationskarte und Stifte; CD-Player; Lied von The Script: *The man who can't be moved* (The Script: Script, CD, 2008, Track 4)

Chancen:

Die Adventszeit ist eine Zeit des Wartens und des Unterwegsseins. Da sind zum Beispiel Maria und Josef, die aufbrechen müssen. Und ihr Kind wird heimatlos zur Welt kommen. Für Jugendliche können hier Fragen mitschwingen, die ihre eigene Situation betreffen: Wo bin ich eigentlich zu Hause? Wo gehöre ich hin? Wohin führt mich mein Weg? Denn Jugendliche bewegen sich mehr und mehr weg von ihrer Familie, den Eltern, dem Kindheitszuhause. Aber wo die Reise hingeht, das ist noch offen. So, wie Maria und Josef aufbrechen müssen, ohne wissen zu können, wie es ihnen ergehen wird. Auch sie erfahren, kein Zuhause mehr zu haben. Und Zu-Hause-sein, das ist vielleicht woanders, als ich es mir erhoffe und erträume. Auch diese Erfahrungen könnten Jugendliche machen.

Vorbereitungen:

Die Erfahrung der Ortlosigkeit soll schon am Gottesdienstraum deutlich werden. Die Kapelle, der Teil der Kirche, in dem der Gottesdienst stattfindet, darf unwohnlich sein. Stühle stehen ungeordnet herum; manche Kerzen sind angezündet, manche aus. Auf einem Plakat steht die Frage: Wo bin ich zu Hause? Der CD-Player muss eingerichtet werden.

Ablaufplan

Was?	Wer?
Begrüßung und liturgische Eröffnung	. . . .
Lied	. . . .
Szene I: Nicht zu Hause sein	. . . .
Aktion: Wo ich mich zu Hause fühle	. . . .
Lied	. . . .
Gespräch: Bin ich zu Hause zu Hause?	. . . .
Gebet	. . . .
Evangelium (Lk 2,1–5)	. . . .
Lied	. . . .
Auslegung	. . . .
Lied	. . . .
Fürbitten	. . . .
Vaterunser	. . . .
Segen	. . . .
Schlusslied	. . . .

Begrüßung und liturgische Eröffnung

Da am Anfang alles unaufgeräumt und durcheinander aussieht, bleiben die Jugendlichen vielleicht stehen oder suchen sich einzelne Plätze. In diese Situation hinein begrüßt Leiter/in oder jemand aus dem Vorbereitungsteam

Zu unserem Gottesdienst im Advent darf ich euch alle herzlich begrüßen. Schön, dass ihr gekommen seid. Von zu Hause aufgebrochen seid. So, wie auch Maria und Josef aufbrechen müssen, in den Tagen vor der Geburt Jesu. Und so dreht sich heute alles um die Frage: Wo bin ich eigentlich zu Hause, wenn ich zu Hause eben nicht – mehr – zu Hause bin.

Und wir beginnen diesen Gottesdienst
im Namen des Vaters,
der aufgebrochen ist zu den Menschen;
im Namen des Sohnes,
der erfahren hat, was es heißt, kein Zuhause zu haben;
und im Namen des Heiligen Geistes,
der uns Heimat geben will.
Amen.

Lied

Mache dich auf und werde Licht (Kommunität Gnadenthal) in: LHE Nr. 371.

Szene I: Nicht zu Hause sein

Leiter/in und jemand aus dem Vorbereitungsteam oder zwei Jugendliche kommen nach vorne und unterhalten sich.

Eine: Na, alles klar?

Einer: Nix ist klar! Guck dich doch mal um. Da hab ich mich auf einen schönen Gottesdienst gefreut. Und dann ist noch nicht mal aufgeräumt. Alles durcheinander.

Eine: Ist halt wie zu Hause.

Einer: Nee. Da sieht sogar mein Zimmer besser aus. Hier will ich nicht bleiben. *Er will gehen*

Eine: Warte mal, *(zieht ihn am Ärmel zurück)* was soll denn anders sein?
Einer: Na ja, ich will mich richtig wohl fühlen.
Eine: Und wie geht das?
Einer: Lass mal überlegen. Also: Es soll nett sein, mit Stuhlkreis und freundlichen Menschen und so.
Eine: Na ja, freundliche Menschen sind da. Und einen Stuhlkreis können wir schnell hinzaubern. Wär's das dann?
Einer: Schon, aber eigentlich … reicht das auch nicht! Irgendwas fehlt da noch.

Aktion: Wo ich mich zu Hause fühle

Leiter/in oder jemand aus dem Vorbereitungsteam
Ja, was brauchen wir, um uns zu Hause zu fühlen, um uns wohl zu fühlen? Vielleicht erst mal einen Kreis mit Stühlen. Dann stellen wir den doch einfach!
Alle packen an und sorgen für einen Stuhlkreis.
Aber irgendwas fehlt da noch, haben wir gerade gehört. Ich finde auch. Zu Hause sind wir ja nicht nur, wenn ein paar Stühle im Kreis stehen. Aber was fehlt? Jetzt seid ihr gefragt. Wir haben hier Karten vorbereitet und dicke Stifte. Schreibt pro Karte ein Stichwort auf. Was braucht ihr, um euch zu Hause zu fühlen? Wenn ihr fertig seid, bringt einfach die Karten in die Mitte und legt sie aus.
Jetzt haben die Jugendlichen Zeit, ihre Stichwörter in Stille aufzuschreiben. Wenn die Karten in der Mitte liegen, wird zunächst das Lied gesungen.

Lied

Da wohnt ein Sehnen tief ins uns

There Is A Longing - T. und M.: Anne Quigley. Deutsch: Eugen Eckert.

2. Um Einsicht, Beherztheit, um Beistand bitten wir.
   In Ohnmacht, in Furcht, sei da, sei uns nahe, Gott.

3. Um Heilung, um Ganzsein, um Zukunft bitten wir.
   In Krankheit, im Tod, sei da, sei uns nahe, Gott.

4. Dass du, Gott, das Sehnen, den Durst stillst, bitten wir.
   Wir hoffen auf dich, sei da, sei uns nahe, Gott.

Gespräch: Bin ich zu Hause zu Hause?

Leiter/in oder jemand aus dem Vorbereitungsteam

Wir haben jetzt viele Stichwörter: was ihr alles braucht, um euch wohl zu fühlen, um euch zu Hause zu fühlen. Aber jede und jeder von euch wohnt doch irgendwo, ist irgendwo zu Hause. Ich lade euch zu einem Gedankenaustausch ein: Welche von den Stichwörtern treffen auf mein Zuhause zu – und was fehlt mir zu Hause? Geht's da vielleicht manchmal so ähnlich zu wie hier am Anfang?

Es wird genügend Zeit für einen Austausch gegeben. Möglicherweise braucht es dafür auch kurze Impulse durch das Vorbereitungsteam. Das heißt: beobachten, wie die Gespräche laufen und evtl. durch eine Frage (Wo steht ihr im Moment? Was habt ihr schon besprochen? Wie ist das mit dem Zu-Hause-sein? Was schwebt euch da vor?) wieder anstoßen.

Gebet

Leiter/in oder jemand aus dem Vorbereitungsteam

Gott,
Es ist gar nicht so einfach
Einen Ort zu finden
An dem ich mich wohl fühle
An dem ich zu Hause bin;

Manchmal fühle ich mich nirgendwo zu Hause
Manchmal fühle ich mich sogar
In mir nicht zu Hause,
Manchmal fühle ich mich
Einfach nur draußen,
Ausgesetzt,
Allein.

Gott,
Hilf uns,
Immer wieder Menschen
Und Orte zu finden,
Die uns ein Gefühl von Zu-Hause-sein geben,
Amen.

Evangelium: Lk 2,1–5

Leiter/in oder jemand aus der Vorbereitungsgruppe
In der Zeit vor Weihnachten geht es auch in der Bibel alles andere als gemütlich und heimatlich zu. Menschen werden fortgeschickt – durch den Befehl des Kaisers. Der aber dadurch die ganze Weihnachtsgeschichte sozusagen in Bewegung setzt.

»In jenen Tagen erließ Kaiser Augustus den Befehl, alle Bewohner des Reiches in Steuerlisten einzutragen. Dies geschah zum ersten Mal; damals war Quirinius Statthalter von Syrien. Da ging jeder in seine Stadt, um sich eintragen zu lassen. So zog auch Josef von der Stadt Nazaret in Galiläa hinauf nach Judäa in die Stadt Davids, die Betlehem heißt; denn er war aus dem Haus und Geschlecht Davids. Er wollte sich eintragen lassen mit Maria, seiner Verlobten, die ein Kind erwartete.«

Lied

Lass uns in deinem Namen, Herr (Kurt Rommel), in: LHE Nr. 316

Liedmeditation: The man who can't be moved

Leiter/in oder jemand aus dem Vorbereitungsteam
In dem biblischen Text wird erzählt, dass Menschen aufbrechen, von zu Hause weggehen. Und sie müssen einen neuen Ort suchen, an den sie hingehören. Denn Betlehem ist für sie alle ja nur eine Zwischenstation. Hierhin geht's auf Kaisers Anordnung. Die Macht schreibt vor, was zu tun ist. Und Jesus hat keinen Platz, kein Zuhause, noch ehe er geboren wird.
Zu Hause sein, das haben wir eben miteinander besprochen, das heißt: an einem Ort zu sein, der einem einen Standort gibt. An einem Ort, der mir das Gefühl gibt: Hier gehöre ich hin. Von so einem Ort erzählt die Gruppe »The Script« in einem packenden Song *The man who can't be moved* – der Mann, der sich nicht vom Fleck rührt.

Gemeinsam das Lied anhören.

Leiter/in oder jemand aus dem Vorbereitungsteam
Wir hören das Lied noch ein Mal. Vielleicht haben nicht alle genau mitbekommen, worum es geht. Deswegen lesen wir eine Übersetzung zu dem Song.

Das Lied anspielen und nach einigen Takten die Lautstärke herunterregeln. Darüber wird dann die Übersetzung gelesen.

The Script: The man who can't be moved

Geh zurück zu der Ecke, an der ich dich zum ersten Mal gesehen habe. Übernachte in meinem Schlafsack und werd mich nicht wegbewegen. Hab dein Bild in meiner Hand und ein Pappschild bei mir, auf dem steht: »Wenn ihr dieses Mädchen seht, sagt ihr, wo ich bin.« Manche wollen mir Geld geben, sie verstehen das nicht. Ich bin nicht pleite, ich bin nur ein Mann mit gebrochenem Herz. Ich weiß, es ist sinnlos, aber was soll ich denn sonst tun? Wie kann ich weitermachen, wenn ich dich immer noch liebe?

Wenn du eines Tages aufwachst und spürst, dass du mich vermisst, und wenn dein Herz sich fragt, in welcher Gegend ich sein könnte, dann fällt dir vielleicht ein, dass du zurückkommen könntest, an den Ort, an dem wir uns getroffen haben. Und dann würdest du mich sehen, wie ich hier an dieser Straßenecke auf dich warte. Also bewege ich mich nicht, bewege mich nicht vom Fleck!

Der Polizist sagt: »Mein Sohn, du kannst hier nicht bleiben!« Ich sage: »Da gibt's jemanden, auf den ich warte, selbst Tage, Monate oder Jahre.« Ich halte hier die Stellung, sogar wenn's regnet oder schneit. Denn falls sie ihre Meinung ändert, ist das der genau der Ort, zu dem sie gehen wird.

Die Leute reden schon über diesen Typen, der hier auf ein Mädchen wartet. Er hat zwar keine Löcher in seinen Schuhen, aber dafür klafft ein großes Loch in seinem Leben.

Vielleicht werde ich ja berühmt, als der Mann, der sich nicht rührt. Vielleicht wirst du mich irgendwann zufällig in den Nachrichten sehen. Und du wirst zu dieser Ecke rennen, weil du wüsstest, dass das alles nur wegen dir ist.

Geh zurück zu der Ecke, an der ich dich zum ersten Mal gesehen habe. Übernachte in meinem Schlafsack und werd mich nicht wegbewegen.

Auslegung

Leiter/in oder jemand aus der Vorbereitungsgruppe
Der Mann steht da. Steht einfach nur an der Ecke, rührt sich nicht vom Fleck. Und hofft, dass genau an dieser Ecke, wo er das erste Mal sein Mädchen sah, dass er genau hier seine Liebe wiedertreffen wird. Die Gruppe »The Script« erzählt die Geschichte dieses Mannes in einem wunderbaren Popsong. »The man who can't be moved«. Sie erzählt von einem Mann, der für die Liebe sogar so etwas Verrücktes tut, wie an einem Ort still stehen zu bleiben. Und dieser Ort ist heilig für ihn. Hier hat er sich verliebt.
Viele Menschen verstehen ihn nicht. Manche wollen ihm Geld geben, weil sie ihn für einen Penner halten. Ein Polizist will ihn zum Gehen bewegen. Er soll sich endlich vom Acker machen. Aber er hält die Stellung, wartet auf die Frau, die er liebt.
Ein Mann, der einfach nur dasteht: Das ist nicht nur ein Liebeslied, das ist auch eine ganz schöne Herausforderung.
Zum einen: Er hat einen Platz in der Welt gefunden. Er braucht jetzt nur diesen Ort, an dem er sich verliebt hat. Alles andere braucht er im Moment nicht. Wir neigen doch eigentlich dazu, viel mehr zu brauchen. Wir haben das ja eben aufgeschrieben: was wir alles brauchen, um uns zu Hause zu fühlen. Und das ist sicher alles wichtig. Aber der Mann, der da an der Ecke steht, der hat sich entschieden. Er sagt: Ich bin da zu Hause, wo ich lieben kann. An dem Ort, den ich mit Liebe verbinde. Da gehöre ich hin.
Zum anderen: Der Mann steht still, setzt sich an die Ecke und wartet. Jetzt im Advent erleben wir wieder einmal, wie überall Hektik und Stress ausbricht. Und da provoziert uns dieser Mann ganz schön. Fragt uns: Ist da wirklich nötig, so heimatlos durch die Gegend zu hetzen? Auf der Suche nach ein paar Geschenken, Kerzen und Christbaumschmuck?
Die Religionen der Welt, auch das Christentum, wissen: Ruhe, Meditation, Stille sind wichtig. Sich nicht vom Fleck rühren, an einem Ort zu Hause sein, das ist wichtig. Dann können die Gedanken und Sinne sich richtig ausstrecken. Ich kann neue Ideen bekommen. Ich kann mich auf Wesentliches konzentrieren. Die Religionen sagen allesamt: Leben entstammt nicht nur dem schnellen oder hektischen Hin und Her, sondern sicher auch oder erst recht der Ruhe, dem An-einem-Platz-stehen-Können.
Daran erinnert mich das Lied von dem wartenden, unbeweglichen Mann. Denn »Der Mann, der sich nicht vom Fleck rührt« erzählt eben davon, wie gut es ist,

einen Platz für sich zu finden. Und das heißt auch: Nicht allem hinterherzurennen. Nicht allem nachzuhecheln. Nicht jeder Mode zu folgen. Erzählt davon, dass es auch wichtig sein kann, auf dem Posten zu bleiben, auf dem Ort, an dem ich mich wohl fühle, an den ich gehöre. Weil hier und nur hier, da, gerade da, wo ich stehe, Wichtiges passieren kann.

Lied

Der Hoffnung Gesicht (Thomas Laubach/Thomas Quast) in: LHE Nr. 227.

Fürbitten

Leiter/in oder jemand aus dem Vorbereitungsteam
Du Gott, egal ob wir zu Hause sind oder heimatlos, wir hoffen, dass du bei uns bist. Deshalb bitten wir:
Nicht für uns bitten wir, Gott, sondern für alle Menschen. Schenken ihnen einen Platz, an dem sie zu Hause sein dürfen.

Alle: Wir bitten dich, erhöre uns.

Nicht für uns bitten wir, Gott, sondern für die Machthaber. Die Menschen verjagen und ihnen ihre Heimat nehmen. Lass sie menschlicher handeln.

Alle: Wir bitten dich, erhöre uns.

Nicht für uns bitten wir, Gott, sondern für diese Erde. Lass uns dafür sorgen, dass sie uns immer neu Heimat werden kann.

Alle: Wir bitten dich, erhöre uns.

Vaterunser

Leiter/in oder jemand aus dem Vorbereitungsteam
All unsere Bitten und alle unsere Gedanken um Heimat und Zu-Hause-sein fassen wir zusammen in dem Gebet, das schon Jesus gebetet hat. Das Gebet, das wir alle kennen, und das uns so auch den Geschmack von Zu-Hause-sein schenkt.

Vater unser im Himmel …

Segen

Leiter/in

Du, Gott, zu Hause zu sein, das ist lebensnotwendig. Sei bei uns, wenn wir uns heimatlos fühlen, und stärke uns auf unserem Weg.
So segne euch Gott und behüte euch.
Gott lasse sein Angesicht leuchten über euch und sei euch gnädig.
Gott erhebe sein Angesicht auf euch und schenke euch seinen Frieden.
Amen.

Schlusslied

Gott sei über dir (siehe S. 24)

7 Unterwegs sein

Durch die Welt ziehen

Zielgruppe:

Jugendliche oder je nach gemeindlicher Situation auch junge Erwachsene. Ihnen bietet die offenere gottesdienstliche Form eine möglicherweise hilfreiche Wegbegleitung durch die Adventszeit.

Dauer:

Ca. 30–45 Minuten

Hinweis:

Im Zentrum dieses Gottesdienstes steht die Erfahrung, draußen zu sein, unterwegs zu sein.

Material:

Liedzettel; Feuerstelle, Holz zum Nachlegen

Chancen:

Die ungewöhnliche Feier mitten im Winter unter freiem Himmel ist an sich schon ein besonderes Erlebnis, das diesen Gottesdienst prägt. Doch die Erfahrungen, die hier vermittelt werden können – es ist Abend, es ist kalt, vielleicht regnerisch, vielleicht liegt Schnee – stehen nicht für sich, sondern sollen auch an zwei Glaubenserfahrungen anknüpfen. In den biblischen Erzählungen hören wir von Menschen, die unterwegs sind: beim Exodus, dem Auszug aus Ägypten, und in der Weihnachtsgeschichte. Hier sind es die Israeliten, die ausziehen, dort die Hirten, die durch ihre Welt ziehen. Und in beiden Situationen wird deutlich: Gott begleitet diesen Weg, er ist bei denen, die unterwegs und draußen sind.

Vorbereitungen:

Der Gottesdienst findet, bei jedem Wetter, draußen an einem Feuer statt. Das Feuer muss dementsprechend vorbereitet werden. Es kann auch zu Beginn des Gottesdienstes gemeinsam mit den Jugendlichen angezündet werden. Eine Möglichkeit ist, von einem Treffpunkt zum Beispiel bei der Kirche einen kurzen Weg zu einem nahe gelegenen Grillplatz oder Spielplatz mit Feuerstelle zu machen und dort den Gottesdienst zu feiern. Nach dem Gottesdienst können dann alle zu einem Tee und etwas Gebäck, in das Gemeindehaus oder Pfarrheim, eingeladen werden.

Ablaufplan

Was?	Wer?
Begrüßung und Lied	. . . .
Einstimmung und liturgische Eröffnung	. . . .
Lied	. . . .
Lesung (Ex 13,17–22 Auszüge)	. . . .
Austausch: Wohin bin ich unterwegs?	. . . .
Lied	. . . .
Gebet	. . . .
Evangelium (Lukas 2,8–9)	. . . .
Bibelgespräch: Aufbruch und unterwegs sein	. . . .
Lied	. . . .
Fürbitten	. . . .
Vaterunser	. . . .
Meditation	. . . .
Segen	. . . .
Lied zum Schluss	. . . .

Begrüßung und Lied

Leiter/in oder jemand aus dem Vorbereitungsteam
Einen guten Abend. Schön, dass ihr heute gekommen seid. Unser Gottesdienst steht heute unter dem Thema »Unterwegs sein«. Mit einem Lied wollen wir beginnen.

Steh auf, bewege dich (Thomas Laubach/Thomas Quast), in: LHE Nr. 312.
(mit Text: Brich auf, bewege dich …)

Einstimmung und liturgische Eröffnung

Leiter/in oder jemand aus dem Vorbereitungsteam begrüßt zu Beginn und eröffnet den Gottesdienst mit einem Kreuzzeichen.
Wir treffen uns heute hier draußen. So, wie Menschen durch alle Jahrhunderte hindurch sich draußen aufgehalten haben. Auch in vielen biblischen Texten wird davon erzählt: dass Menschen sich draußen aufhalten, dass sie unter freiem Himmel unterwegs sind. Und dass Gott sich gerade draußen erfahren lässt. Und so beginnen wir gemeinsam diesen Gottesdienst.

Im Namen des Vaters,
der überall zu finden ist;
im Namen des Sohnes,
der Zeit seines Lebens unterwegs war,
und im Namen des Heiligen Geistes,
der Mut macht, unseren eigenen Weg zu gehen.
Amen.

Lied

Leiter/in oder jemand aus dem Vorbereitungsteam
Heute Abend sind wir gemeinsam draußen, gemeinsam unterwegs. Wir bitten Gott, dass er bei uns ist, dass wir nicht alleine auf dem Weg sein müssen. Und wir danken ihm, dass er uns immer wieder begleitet.

Geh mit uns auf diesem Weg (Christoph Lehmann), in: LHE Nr. 25.

Lesung Ex 13,17–22 (Auszüge)

Leiter/in oder jemand aus dem Vorbereitungsteam
Das Unterwegs-Sein ist für den Glauben von Juden und Christen zentral. Im Buch Exodus im Alten Testament geht es genau darum. Das Wort Exodus stammt ursprünglich aus dem Griechischen (Exodos) und heißt: Auszug. Und so steht der Auszug der versklavten Juden aus Ägypten im Mittelpunkt dieses Buches. Daraus hören wir einen Abschnitt.

»Als der Pharao das Volk ziehen ließ, führte sie Gott nicht den Weg ins Philisterland, obwohl er der kürzere war. Denn Gott sagte: Die Leute könnten es sonst, wenn sie Krieg erleben, bereuen und nach Ägypten zurückkehren wollen. So ließ sie Gott einen Umweg machen, der durch die Wüste zum Schilfmeer führte. Geordnet zogen die Israeliten aus Ägypten hinauf. (...) Der Herr zog vor ihnen her, bei Tag in einer Wolkensäule, um ihnen den Weg zu zeigen, bei Nacht in einer Feuersäule, um ihnen zu leuchten. So konnten sie Tag und Nacht unterwegs sein. Die Wolkensäule wich bei Tag nicht von der Spitze des Volkes und die Feuersäule nicht bei Nacht.«

Austausch: Wohin bin ich unterwegs?

Leiter/in oder jemand aus dem Vorbereitungsteam
Heute Abend habt ihr euch aufgemacht hierher. Ihr seid unterwegs von zu Hause, der Schule, von Freunden hier zur Kirche. »Ich bin schon unterwegs«, sagen wir, wenn wir uns gerade aufmachen. Wenn wir jemanden besuchen und schon losgehen. Unterwegs ist aber mehr, heißt nicht nur: Ich gehe von A nach B. Unterwegs bin ich zum Beispiel auch auf meinem Lebensweg. Ich mache mich auf, mein Leben zu leben. Und dann bin ich auch unterwegs, wenn ich mich verliebe, wenn ich eine Freundin, einen Freund habe. Die Frage lautet schließlich: Gehst du mit mir? Und andere sagen: Die gehen miteinander. Unterwegs sein ist eine Metapher, ein Bild für den Aufbruch von Menschen, egal wie und wohin sie aufbrechen. Und es ist nicht immer einfach, seinen Weg zu finden.
Ich lade euch ein, dass wir uns hier am Feuer austauschen. Wohin bin ich gerade unterwegs? Wer etwas sagt oder erzählt, kann einen Holzscheit nehmen und auf das Feuer werfen.

Die Gruppe lässt sich Zeit, vielleicht dauert es etwas, bis alle zu Wort gekommen sind. Dann kann auch etwas Zeit der Stille sein am jetzt heller lodernden Feuer.

Lied

Den Weg wollen wir gehen (Hans-Jürgen Netz/Eckart Bücken), in: LHE Nr. 310.

Gebet

Leiter/in oder jemand aus dem Vorbereitungsteam

Du, Gott,
Ich erinnere mich noch genau:
Ich war vielleicht acht oder neun Jahre alt,
Es war in den Sommerferien,
Und wir machten Urlaub auf einem Bauernhof.
Ich erkundete am ersten Tag allein die Gegend;
Ein Weg führte vom Bauernhof weg
Und ich machte mich einfach auf.
Mal gucken, wo der hinführte, der Weg.
Ich lief ihm hinterher.
Und dann endete dieser Weg an einem Bretterzaun
Mit Farbe waren ein paar Buchstaben draufgeschrieben,
Schon etwas verblasst,
Aber ich konnte sie entziffern:
»Ende der Welt« las ich.
»Ende der Welt« –
Wenn das wahr wäre – dachte ich;
Das kann doch nicht sein – dachte ich auch.
Und dann fasste ich mir ein Herz.
Und kletterte über den Bretterzaun.
Und tatsächlich:
Dahinter führte der Weg weiter.

Du Gott,
Könnte es nicht sein,

Dass wir uns oft von unserem Weg abhalten lassen,
Weil irgendwer ein Schild aufstellt,
Das uns sagt: Hier geht's nicht weiter?
Und könnte es nicht sein,
Dass wir dich brauchen,
Damit uns einer sagt: Geh weiter!
Egal wohin –
Ich bin an deiner Seite.

Evangelium Lukas 2,8–9

Leiter/in oder jemand aus dem Vorbereitungsteam
Auch Advent und Weihnachten erzählt eine Geschichte vom Unterwegs-Sein, vom Sich-Aufmachen, vom Aufbruch. Und auch auf den Advent und Weihnachten passt die kürzeste Definition von Glaube: Unterbrechung.

»In jener Gegend lagerten Hirten auf freiem Feld und hielten Nachtwache bei ihrer Herde. Da trat der Engel des Herrn zu ihnen und der Glanz des Herrn umstrahlte sie.«

Bibelgespräch: Aufbruch und unterwegs sein

Leiter/in oder jemand aus dem Vorbereitungsteam
Wir sind hier heute Abend wie die Hirten um das Feuer versammelt. Und wir können gemeinsam diesem Text auf die Spur kommen. Ich lade euch ein, dass wir in drei Schritten diesen Text für uns erschließen.

Erster Schritt: In dem Text geht es um Hirten. Ihr habt selber wahrscheinlich schon mal Hirten mit einer Schafherde gesehen. Was denkt ihr, machen Hirten, was zeichnet sie aus?
Kurzes Gespräch. Ein zentraler Aspekt könnte sein, dass Hirten einerseits umherziehen, immer wieder aufbrechen zu neuen Weidegründen, andererseits immer wieder lagern müssen, einen Ort suchen müssen, an dem sie bleiben können.

Zweiter Schritt. Die Hirten begegnen Gott. In Gestalt eines Engels. Und im Text heißt es: »Der Glanz des Herrn umstrahlte die Hirten.« Wie versteht ihr diese Begegnung mit dem Engel?
Kurzes Gespräch. Ein zentraler Aspekt könnte sein, dass Gott, ähnlich wie beim Exodus, als ›Lichtgestalt‹ begegnet, im Licht, im Feuer – und dass dadurch die Hirten selbst vom Licht erfüllt werden.

Dritter Schritt: Hirten und Engel auf einem Feld. Was hat das mit uns, mit unserem Unterwegs-Sein zu tun?
Kurzes Gespräch. Ein zentraler Aspekt könnte sein, dass wir auch in der Spannung stehen: Unterwegs sind und nach dem besten ›Weideplatz‹ – im übertragenen Sinne – für uns suchen. Und dass wir trotzdem andere brauchen, Gott brauchen. Andere müssen uns auf die Sprünge helfen, auch dorthin zu gehen, wo wirklich Wichtiges für uns passiert.

Wenn das Gespräch zu einem Ende kommt, oder wenn ein Schlusspunkt gesetzt werden soll, wird als Abschluss das Lied gesungen.

Lied

Geh den Weg nicht allein (Anna-Mari Kaskinen/Peeka Simojiki) dt. Text Gerold Vorländer, in: LHE Nr. 326.

Fürbitten

Leiter/in oder jemand aus dem Vorbereitungsteam
Die Israeliten haben damals in Ägypten erfahren: Gott begleitet uns. Durch die Wüste, durch unsere Angst, in allen Fragen. Und so können wir Gott um Begleitung bitten. Und jeder, der eine Bitte spricht, kann nochmals ein Holzstück nehmen und es auf das Feuer werfen. Als Antwort singen wir den Liedruf »Du bist da, Gott« (siehe S. 36).

Du Gott,
wir sind unterwegs: zu uns, zu anderen Menschen und zu dir.
Deshalb bitten wir für alle Menschen, die unterwegs sind:

Leiter/in oder jemand aus der Vorbereitungsgruppe kann eine erste Fürbitte als Einstieg vortragen, die weiteren Bitten werden frei gesprochen.
Du Gott, sei bei den Menschen, die nicht wissen, wohin sie ihr Weg führt. Lass sie Orientierung finden.

Liedruf zu den Fürbitten: du sei bei uns (Thomas Laubach / Thomas Quast), in: LHE Nr. 180. (Mit Alternativtext: … höre du uns, Gott).
Auf die ausgesprochenen freien Fürbitten folgt immer dieser Liedruf

Vaterunser

Leiter/in oder jemand aus dem Vorbereitungsteam
Und damit wir uns stärken auf unserem Weg, beten wir das Gebet, das uns schon lange begleitet. Wir sprechen gemeinsam.

Vater unser im Himmel …

Meditation

Leiter/in oder jemand aus dem Vorbereitungsteam

Ich habe Weihnachten
immer noch nicht gepackt,
handlich verschnürt,
aufgeräumt
in einen Rucksack,
eine Sporttasche,
einen Koffer.

Sicher,
viele drängen mich.
Ohne Weihnachten im Gepäck,
meinen sie,
könne ich nicht reisen
auf meinem Glaubensweg,
meinem Zweifelsweg,

könne nicht reisen
durchs Leben.

Aber ich bin trotzdem unterwegs,
oft ziellos,
oft ruhelos,
reise mit der Menschwerdung Gottes
unverpackt.
Sie sitzt mir gegenüber –
und manchmal im Nacken.

Ich hab mich daran gewöhnt,
dass sie da ist.
Oft bemerke ich sie nicht.
Dann schläft sie.
Ab und zu
liegt sie nur da,
atmet nur noch ganz flach.

Aber dann
ist die Menschwerdung Gottes
wieder wach,
auf dem Sprung,
läuft mir manchmal davon
und guckt dann wieder
bei mir vorbei,
in meinem Leben vorbei,
reizt mich
und macht mich neugierig.

Nie lässt mich das kalt,
dass Gott Mensch wird
und meine Wege kreuzt.
Denn das erlaubt es mir nicht,
fertig zu sein mit mir,
mit Gott und der Welt,
weil noch was aussteht,

auf meinem Weg,
noch was offen ist.
Ist das schon
Eine Ahnung davon
Dass Gott unter uns Menschen ist?

Segen

Leiter/in oder jemand aus dem Vorbereitungsteam

Möge Gott
mit seinen Leuchtzeichen
unser Unterwegs-Sein begleiten

Möge Gott
uns umstrahlen
mit Glanz

Und möge Gott
wie ein Feuer
in uns brennen
dass wir unseren Weg finden

Und so segne euch Gott
Der euch auf allen Wegen begleitet.
Amen.

Lied zum Schluss

Möge die Straße (Markus Pytlik), in: LHE Nr. 89.

8 Sich orientieren

Wenn ein Stern aufgeht

Dieser Gottesdienst greift Ideen von »Adventure. Früh- oder Spätschichten. Herausgegeben vom Bund der Deutschen Katholischen Jugend und dem Bischöflichen Jugendamt der Diözese Speyer« auf.

Zielgruppe:

Jugendliche oder je nach gemeindlicher Situation auch junge Erwachsene. Ihnen bietet die offenere gottesdienstliche Form eine möglicherweise hilfreiche Wegbegleitung durch die Adventszeit.

Dauer:

Ca. 30–45 Minuten

Hinweis:

Im Zentrum dieses Gottesdienstes stehen zwei Aktionen mit Sternen.

Material:

Liedzettel; Sterne aus orangenfarbenem Karton; Leuchtsterne (die man sonst an die Zimmerdecke kleben kann); zwei DIN-A3-Plakate mit je einer Frage (wann breche ich auf?; wie lässt sich Gott sehen?) Stifte; Folienstift für die Leuchtsterne; CD-Player/Musik zur Meditation

Chancen:

Wie lässt sich Gott sehen? Dass haben sich schon viele gefragt. Die Bibel erzählt von den Sterndeutern, die einem Stern nachgelaufen sind. Einem Stern, der sie zu Gott führt. Zu einem geerdeten Gott, einem Gott, der auf die Erde kommt. Das führt Jugendliche möglicherweise zu der Frage, was sie brauchen, um aufzubrechen. Was sie losgehen lässt. Für die Auseinandersetzung damit bietet der Gottesdienst Platz.

Vorbereitungen:

Im Gottesdienstraum wird eine Mitte gestaltet. DIN-A3-Plakate mit Fragen (s. o.) ausgelegt. Dann werden ein paar der orangenfarbenen Sterne beschriftet (mit den Texten: wenn ich wütend bin; weil ich mich für etwas begeistere; aus Ärger; weil ich mich freue) sowie die Leuchtsterne mit dem Folienstift mit biblischen Texten

(Gott erbarmt sich; Mächtige stürzen; Armen haben genug; Hungernde werden satt; Rettung; Gerechtigkeit; Weg des Friedens; es wird hell; kein Unheil; Kalb und Löwe weiden zusammen; keine Verbrechen mehr). Je nach erwarteter Teilnehmerzahl können diese Texte auch mehrfach auf verschiedenen Sternen stehen. Die Sterne werden in der Mitte ausgelegt.

Ablaufplan

Was?	Wer?
Begrüßung und Lied	. . . .
Liturgische Eröffnung	. . . .
Szene: Gott lässt sich sehen	. . . .
Lied	. . . .
Evangelium (Mt 2,1–2)	. . . .
Meditation: Wann sich Gott sehen lässt	. . . .
Aktion: Welchem Stern ziehe ich hinterher?	. . . .
Lied	. . . .
Diskussion: Wie war das mit dem Stern?	. . . .
Lied	. . . .
Fürbitten	. . . .
Liedruf	. . . .
Vaterunser	. . . .
Gebet	. . . .
Segen	. . . .
Lied	. . . .

Begrüßung und Lied

Leiter/in oder jemand aus dem Vorbereitungsteam
Ein Stern geht auf. Ein neuer Star. Oder doch nur ein Sternchen, eine Sternschnuppe. Das gibt's bei uns heute fast jeden Tag. Und heute auch hier in unserem Adventsgottesdienst. Schön, dass ihr heute gekommen seid. Wir beginnen mit einem Sternenlied.

Stern über Betlehem (Alfred Hans Zoller), in: LHE Nr. 390.

Liturgische Eröffnung

Leiter/in oder jemand aus dem Vorbereitungsteam eröffnet den Gottesdienst mit einem Kreuzzeichen

Wir beginnen
im Namen des Vaters,
der für uns die Sterne vom Himmel holt;
im Namen des Sohnes,
der wie ein Stern aufgeht;
und im Namen des Heiligen Geistes,
der uns nach den Sternen greifen lässt.
Amen.

Szene: Gott lässt sich sehen

Anspiel für zwei Personen. Sie haben zwei Ferngläser oder auch einfach nur Fernrohre aus Papprollen in der Hand. Gucken hindurch, reden miteinander, gucken immer wieder durch ihre Ferngläser.

Eine: Nur noch .... Tage, dann feiern wir Weihnachten.
Einer: Was heißt feiern? Gut, es gibt Geschenke. Aber auch Krach um den Tannenbaum. Und alles muss wieder aufgeräumt sein.
Eine: Aber Weihnachten ist ein wichtiges Fest. Da geht ein Stern auf. Ein Star. Jesus.
Einer: Ein Star? Nach dem Motto: Gott sucht den Superstar?
Eine: Nee, ein Stern, an dem wir uns orientieren können.

Einer:	Und was kann dieser Star Besonderes?
Eine:	Erst mal nix. Ganz im Gegenteil. Der ist ein Star, weil er Mensch wird.
Einer:	Dann wäre ja jeder ein Star.
Eine:	Mit einem kleinen Unterschied. Denn da wird nicht irgendwer Mensch, sondern Gott.
Einer:	Und woran kann ich das sehen?
Eine:	Darum geht's genau. Der Stern lässt uns sehen, was Menschwerdung heißt, wie Gott in die Welt kommt.

Lied

Gottes Stern

Text: Thomas Laubach, RUHAMA 2006; Musik: Thomas Quast, RUHAMA 2006

Evangelium: Mt 2,1–2

Leiter/in oder jemand aus dem Vorbereitungsteam
Wie lässt sich Gott sehen? Das haben sich schon viele gefragt. Die Bibel erzählt von den Sterndeutern, die einem Stern nachgelaufen sind. Einem Stern, der sie zu Gott führt. Zu einem geerdeten Gott, einem Gott, der auf die Erde kommt.

»Jesus wurde in Betlehem in Judäa geboren, zur Zeit, als König Herodes das Land regierte. Bald nach seiner Geburt kamen Sterndeuter aus dem Osten nach Jerusalem und fragten: »Wo finden wir den neugeborenen König der Juden? Wir haben seinen Stern aufgehen sehen und sind gekommen, um uns vor ihm niederzuwerfen.««

Meditation: Wann sich Gott sehen lässt

Leiter/in oder jemand aus dem Vorbereitungsteam
Offensichtlich hatten die Sterndeuter eine echte Sternstunde. Sie haben etwas so Wichtiges entdeckt, dass es kein Halten mehr gab. Sie sind aufgestanden, aufgebrochen, haben sich bewegt. Für die Bibel ist klar, wofür dieser Stern steht: für Gott. Wir haben kurze biblische Texte für euch ausgelegt. Texte, die erzählen, was passiert, wenn Gott sich sehen lässt. Geht umher, nehmt euch einen Text, der euch anspricht – und überlegt euch, was euch der Text sagt.

Auf den Leuchtsternen stehen biblische Texte: Gott erbarmt sich; Mächtige stürzen; Armen haben genug; Hungernde werden satt; Rettung; Gerechtigkeit; Weg des Friedens; es wird hell; kein Unheil; Kalb und Löwe weiden zusammen; keine Verbrechen mehr. Dazu kann Musik vom CD-Player eingespielt werden. Die Musik kann bis zur folgenden Aktion weiterlaufen.

Lest bitte den Text vor, der auf eurem Leuchtstern steht und schenkt uns ein paar Gedanken: Was hat mich an diesem Wort, an dieser Zeile auf meinem Stern angesprochen?

Reihum wird der jeweilige Stern kurz kommentiert. Es gibt keine Nachfragen oder Ergänzungen.

Aktion: Welchem Stern ziehe ich hinterher?

Leiter/in oder jemand aus dem Vorbereitungsteam
Wir wissen jetzt, wofür der Stern steht. Wie ist das mit euch: Wann brecht ihr auf? Hier in der Mitte liegt die Frage, ihr bekommt jetzt Sterne und könnt darauf schreiben, was euch aufbrechen, losgehen lässt. Ein paar Antworten liegen hier bereits aus.

Leiter/in oder jemand aus dem Vorbereitungsteam weist auf die Mitte, das Frageplakat und die Sterne hin. Die Jugendlichen bekommen jetzt die orangenfarbenen Sterne ausgeteilt und Stifte. Sind die Jugendlichen fertig, können sie ihre Sterne in der Mitte auslegen.

Lied

Der Himmel geht über allen auf (Wilhelms Willms/Peter Janssens), in: LHE Nr. 3.

Diskussion: Wie war das mit dem Stern?

Zwei Personen aus dem Vorbereitungsteam diskutieren miteinander.

Eine: Ich glaub ja, die haben wirklich einen Stern gesehen. Da ist ja auch von König Herodes die Rede. Und den gab's ja auch wirklich.

Einer: Ist das überhaupt wichtig? Ob der Stern wirklich am Himmel stand. Oder geht's nicht um was anderes?

Eine: Ich find' das schon wichtig. Sonst wär's ja nur eine Lüge oder ein nettes Märchen.

Einer: Aber wenn ich sage: »Ich hole dir die Sterne vom Himmel«, dann muss ich das ja auch nicht tun. Der Stern ist dann ein Bild.

Eine: Ja, aber reicht ein Bild aus? Also, wenn es den Stern wirklich gegeben hat, dann muss der vor Herodes' Tod erschienen sein. Vielleicht hilft uns da die Astronomie, die Sternkunde weiter?

Einer: Na ja, ich glaub doch eher, dass der Stern ein Bild ist. Matthäus erzählt vor allem den Juden von Jesus. Die kennen sich nicht in Astronomie aus. Aber in der Bibel. Und da heißt es: »Ein Stern geht in Jakob auf.« (Num 24,17)

Eine: Ja, aber den Stern könnte es trotzdem gegeben haben. Zum Beispiel als Planetenkonstellation. Für das Jahr 7 vor Christus sind drei nahe Vorübergänge der beiden Planeten Jupiter und Saturn berechnet worden. Die beiden Planeten erscheinen sehr hell am Himmel, verschmelzen fast zu einem ›Stern‹.

Einer: Mag sein, aber der Stern, der für Matthäus wichtig ist, steht nicht am Himmel. Er ist Zeichen für den Messias, den Retter der Welt. Für Gott, der uns nahe kommen will. Ein Bild.

Eine: Und was kann uns ein Bild sagen?

Lied

Leiter/in oder jemand aus dem Vorbereitungsteam
Eine schwierige Frage: Was kann ein Bild uns sagen? Denn das heißt ja: Was sagt uns der Stern? Mit einem Lied wollen wir auf diese Fragen antworten.

Das sagt uns jeder Stern
Text: Thomas Laubach, RUHAMA (zu Mt 2); Musik: Thomas Quast, RUHAMA 2009

Fürbitten

Leiter/in oder jemand aus dem Vorbereitungsteam
Die Sterndeuter haben einen Stern aufgehen gesehen. Sie sind aufgebrochen und haben ihn gefunden. Nicht immer geht das Leben so glatt auf. Und so bitten wir Gott und antworten auf die Bitten mit dem Liedruf »Du bist da, Gott«.

Auf die Fürbitten folgt jeweils der Liedruf »Du bist da, Gott« (siehe S. 36)

1. Du Gott, Sterne sind nicht ewig. Auch sie werden geboren. Wir bitten dich: Lass alle Menschen einen Stern entdecken, der für sie geboren ist und ihnen Licht und Kraft schenkt.

2. Du, Gott, im Weltall gibt es nicht nur Sterne, sondern auch Schwarze Löcher und dunkle Materie. Wir bitten dich: Steh allen Menschen bei in den dunklen Situationen ihres Lebens, wenn kein Licht mehr zu ihnen durchdringt.

3. Du, Gott, Sterne sterben, sie explodieren und vergehen. Wir bitten dich: Sei bei allen Menschen, die erleben, dass ihre Sterne untergehen.

4. Du, Gott, es gibt ganz unterschiedliche Sterne: Es gibt rote Riesensterne und weiße Zwergsterne, es gibt Doppelsterne und Neutronensterne, es gibt Planeten und Kometen. Wir bitten dich: Lass alle Menschen ihren eigenen Stern entdecken, der sie zu ihrem Ziel führt.

Vaterunser

Leiter/in oder jemand aus dem Vorbereitungsteam
Mit Jesus, dem Stern, der für uns aufgegangen ist, beten wir gemeinsam:

Vater unser im Himmel …

Gebet

Leiter/in oder jemand aus dem Vorbereitungsteam

Gott,
du machst es dir nicht einfach.
Nimm nur mal Weihnachten:
Da betreibst du einen ziemlichen Aufwand.
Schickst Sterne auf die Reise
und Sterndeuter hinterher,
und wir müssen uns den Kopf zerbrechen.
Warum hast du es nicht einfach gemacht,
sodass alle direkt kapieren,
was da passiert?
Aber nein –
Ein Stern musste es sein!

Gott,
du machst es uns nicht einfach.
Wir laufen bis heute
durch die Straßen,
suchen einen Stern,
unseren Stern,
den richtigen Stern.
Und wissen nicht,
ob wir unseren Augen trauen sollen.

Gott,
du hättest es aber auch
verdammt schwerer machen können.
Wo kämen wir hin
ohne einen Stern
und die Sterndeuter?

Segen

Leiter/in oder jemand aus dem Vorbereitungsteam
Ihr habt euch eben einen Leuchtstern mit einem kurzen Text darauf genommen. Nehmt den Stern mit nach Hause. Und dann könnt ihr mit diesem Stern durch den Advent ziehen. Wie die Könige, die ihrem Stern gefolgt sind.

Und so segne und begleite du uns,
guter Gott.
Wir bitten dich:
Lass deinen Stern immer wieder über uns aufgehen,
und mache unsere Herzen wach,
dass wir deine Zeichen entdecken.
Jetzt und morgen und jeden neuen Tag.
Amen.

Lied

Bewahre uns Gott (Eugen Eckert/Anders Ruuth), in: LHE Nr. 81.

9 Es anderen zeigen

Was Macht macht

Zielgruppe:

Jugendliche. Ihnen bietet die offenere gottesdienstliche Form eine möglicherweise hilfreiche Wegbegleitung durch die Adventszeit.

Dauer:

Ca. 30–45 Minuten

Hinweis:

Im Zentrum dieses Gottesdienstes stehen eine Übung und eine Bildbetrachtung zu Macht und Ohnmacht.

Material:

Liedzettel mit Psalm 10 und Songtext (Kopiervorlagen auf CD-ROM); Stifte; Kreppklebeband und Edding; Bild der Frau von der Plaza de Mayo (als Bilddatei auf CD-ROM); CD-Player; Song: Sting »They dance alone« (CD Sting »... Nothing Like The Sun« Track 6), Aufgabenzettel für die Aktion, Plakate.

Chancen:

Advent wird häufig als Zeit des Wartens beschrieben: Auf das Licht von oben, auf den allmächtigen Gott, der sich zu den Menschen herabneigt. In der vorliegenden Adventsliturgie wird ein anderer Gedanke starkgemacht. Dass Advent und Weihnachten von der »Macht von unten« erzählen, wie es die evangelische Theologin Dorothee Sölle einmal geschrieben hat. Macht von unten, das meint Kraft, Stärke, Glück und Freiheit, die unten ihren Anfang nehmen: im Stall, auf der Weide, vor den Toren der Stadt. Und nicht am Königshof, in den Schaltzentralen der Politik, in Banken oder Kathedralen. Macht von unten heißt auch: Gott meint mit seinem Advent, mit seinem Kommen nicht in erster Linie die, die das große Wort führen und was zu sagen haben, sondern die, die am Rand stehen. Gerade Jugendlichen, die häufig unter Macht und Machtspielen zu leiden haben, kann dieser Grundgedanke nahekommen.

Vorbereitungen:

In der Mitte liegen zwei Plakate mit den Überschriften »Was macht Macht – *die Macht haben*« und »Was macht Macht – *der Macht gehorchen*«. Die Aufgabenzettel für die Aktion »Macht erfahren« müssen vorbereitet werden, wie auch der Beamer für die Bildbetrachtung und der CD-Spieler mit dem Lied von Sting.

Ablaufplan

Was?	Wer?
Begrüßung und liturgische Eröffnung	
Lied	
Aktion: Macht erfahren	
Kyrie	
Evangelium (Mt 2,1–3)	
Auslegung I. Blitzlicht mit Fragen	
Auslegung II. Ansprache	
Lied	
Bildmeditation: Die Frauen von der Plaza de Mayo	
Sting: They dance alone	
Psalmgebet (Psalm 10 Auszüge)	
Lied	
Fürbitten	
Vaterunser	
Segen	
Schlusslied	

Begrüßung und liturgische Eröffnung

Leiter/in begrüßt und eröffnet dann die Adventsfeier mit einem Kreuzzeichen
Schön, dass Ihr da seid. Da habt ihr es mir aber gezeigt. Ich war nämlich nicht sicher, wer und wie viele heute kommen. Ich zeig's dir: Das kann viel heißen, je nach Betonung. »Ich zeig's dir« – mit einem aggressiven Ton – heißt: Ich werd's dir beweisen, ich mach dich fertig. Hier geht's um Macht, um Unterdrückung, um Streit. »Ich zeig's dir« – mit einem freundlichen Ton – heißt: ich erklär's dir, ich mach dich auf etwas aufmerksam. Hier geht's um eine andere Macht, um die Macht der Hilfe und Freundschaft. Gott zeigt's uns auch, im Advent, zeigt uns, welche Macht uns lebendig macht. Und so fangen wir diesen Gottesdienst gemeinsam an:

Im Namen des Vaters,
der ohnmächtig wurde.
im Namen des Sohnes,
der auf Macht verzichtete;
und im Namen des Heiligen Geistes,
der immer wieder mit uns einen mächtigen Anfang setzt.
Amen.

Lied

Sag mir, wann ist Advent?
Die Strophen werden von jemand vorgelesen.

Sag mir, wann ist Advent?
Wenn die Gefangenen aus ihren Kerkern kommen,
gezeichnet, gezeichnet aber frei,
wenn die Wunden der Gefolterten sich schließen und heilen,
dann ist Advent.

Text: Ursula Barth, Friedrich-Karl Barth / Melodie: Peter Janssens

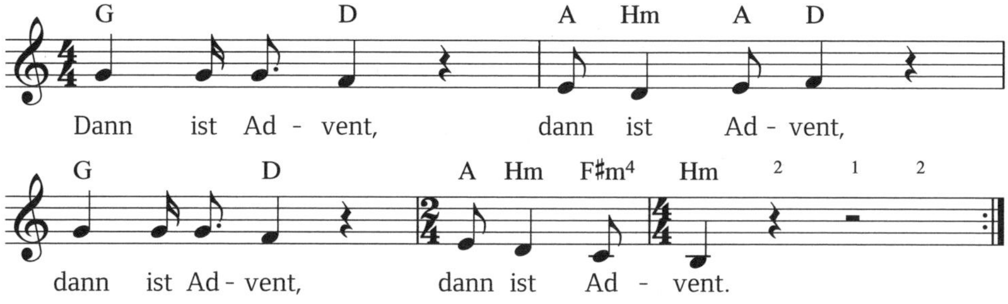

Sag mir, wann ist Advent?
Wenn die Unterdrückten ihr Recht in die eigenen Hände bekommen
und menschlicher damit umgehen als ihre Unterdrücker,
wenn das Land denen gehört, die es bewohnen
und der Lohn der Arbeit denen, die ihn verdienen.
dann ist Advent.

Kehrvers

Sag mir, wann ist Advent?
Wenn die Kaputten heil werden,
wenn die Durstenden satt zu trinken haben,
wenn die Seher glücklich sind und träumen.
Wenn unsere Mutter, die Erde, Platz hat für alle
und wir Menschen sie hüten wie unser Kind,
wenn keiner mehr sterben muss am erbärmlichen Tod durch Machthaber,
dann ist Advent.

Aktion: Macht erfahren

Leiter/in oder jemand aus dem Vorbereitungsteam
Wann ist Advent? Das Lied behauptet: Wenn die Macht zu Ende ist. Klingt schön. Aber wie sieht das praktisch aus? Wir möchten gerne zusammen mit euch ein Machtspiel spielen. Und das geht so: Ein paar von euch, die wir willkürlich aussuchen, sind die Chefs.

Diese bekommen jetzt ein Stück Klebeband Tesa-Krepp auf die Brust geklebt. Darauf steht: Chef/Chefin.

Jede Chefin, jeder Chef kriegt ein paar Aufgaben von uns – und sie dürfen sich jemanden aussuchen, der die Aufgabe erfüllen muss. Alles verstanden?

Die Chefs kriegen einen Aufgabenzettel. (Der Aufgabenzettel liegt als Kopiervorlage vor) Das Spiel kann schnell albern werden. Deswegen muss die Leitung darauf achten, dass ernsthaft die Situation von »die Macht haben« und »der Macht gehorchen« erprobt wird. Sind die Aufgaben ›abgearbeitet‹, werden die Rollen wieder abgelegt.

Vielen Dank, dass ihr alle mitgemacht habt. Wir wollen uns jetzt in zwei Gruppen über das Machtspiel austauschen. In einer Gruppe setzen sich die Chefs zusammen, in der anderen dann alle, die einen Dienst tun mussten. Tauscht euch aus zu der Frage: Was habe ich beim Machtspiel erfahren?

Der Austausch findet in zwei Gruppen statt.
Mögliche Themen bei den ›Chefs‹: Lust an der Macht; Unwohlsein, anderen Befehle zu erteilen; Angst, dass jemand widerspricht.
Mögliche Themen bei den anderen: Widerwille, etwas machen zu müssen; ich weiß, wo's langgeht; Gefühl der Unfreiheit; Gelassenheit; Wut.
Beide Gruppen gestalten die in der Mitte liegenden Plakate mit wichtigen Themen aus dem Gespräch. Am Ende des Gesprächs setzen sich alle wieder in die ursprüngliche Sitzordnung.

Kyrie

Leiter/in oder jemand aus dem Vorbereitungsteam
Du, Gott, die Macht macht es uns leicht.
Wir haben manchmal Lust an der Macht. Es macht Spaß, über andere zu bestimmen. Wir können Macht genießen.
Du, Gott, die Macht macht es uns schwer.
Denn wir wissen genau, dass Menschen unter der Macht anderer leiden.
Du, Gott, erbarme dich.

nach jedem Kyrietext folgt der Liedruf
Kyrie (Jacques Bertier/Taizé), in: LHE Nr. 30.

Du, Gott, die Macht macht es uns leicht.
Wenn jemand sagt, wo's langgeht, müssen wir nicht selber denken. Und wenn was schiefgeht, können wir immer auf jemanden zeigen und sagen: »Der ist schuld«.
Du, Gott, die Macht macht es uns schwer.
Sie unterdrückt und macht unfrei und lässt uns nicht zu Menschen werden.
Du, Gott, erbarme dich.

Du, Gott, die Macht macht es uns leicht und schwer.
Immer aber ist es eine Macht von oben nach unten. Von Chefs zu Untergebenen, von Eltern zu Kindern, von Königen zu Hirten.
Und wir übersehen dabei oft, dass es auch eine Macht von unten gibt. Eine Macht der Ohnmächtigen, die Macht der Hoffnung, dass es mehr gibt als oben und unten.
Du, Gott, erbarme dich.

Evangelium Mt 2,1–3

Leiter/in oder jemand aus dem Vorbereitungsteam
Um Macht und Ohnmacht geht es auch im folgenden Text aus dem Matthäus-Evangelium.

»Jesus wurde in Betlehem in Judäa geboren, zur Zeit, als König Herodes das Land regierte. Bald nach seiner Geburt kamen Sterndeuter aus dem Osten nach Jerusalem und fragten: Wo finden wir den neugeborenen König der Juden? Wir haben seinen Stern aufgehen sehen und sind gekommen, um uns vor ihm niederzuwerfen. Als König Herodes das hörte, erschrak er und mit ihm ganz Jerusalem.«

Auslegung I. Blitzlicht mit Fragen

Leiter/in oder jemand aus dem Vorbereitungsteam
Herodes, der König, der die Macht hat – und mit ihm ganz Jerusalem – erschrickt. Weil ein Kind geboren wird.
Ich möchte euch einladen zu einem etwas anderen Predigtgespräch. Wir haben zwei Fragen vorbereitet. Und sammeln von euch reihum jeweils einen Satz ein. Ich stelle die Frage, ihr habt etwas Zeit zum Nachdenken – und dann schließt sich eine Antwortrunde an.
Die erste Frage: Warum erschrickt Herodes?
Die zweite Frage: Was ist mächtig an einem Kind?
Jeweils wird die Frage gestellt und dann reihum Antworten gesammelt.

Auslegung II. Ansprache

Leiter/in oder jemand aus dem Vorbereitungsteam
Im Advent erinnern wir uns jedes Jahr: Gott wurde Mensch, damals in Betlehem, irgendwo auf dem Feld, draußen vor der Toren der Stadt. Aber wofür sollten wir uns dann im Advent vorbereiten? Und wofür sollten wir uns an etwas erinnern, das vor über 2000 Jahren passierte?
Der Advent ist dafür da, dass wir uns darauf vorbereiten: Gott wird immer wieder neu Mensch. Und dadurch verändert sich alles. Wir können kein Kind mehr ansehen, ohne uns an dieses eine Kind vor 2000 Jahren zu erinnern. Wir können keinen Menschen mehr ansehen, ohne uns daran zu erinnern, dass Gott Mensch wurde. Und wir können keinem Menschen mehr begegnen, ohne zu spüren: Dieser Mensch trägt auch das Gesicht Gottes. Denn wenn Gott immer wieder Mensch wird, müssen wir damit rechnen, dass er uns in jedem Menschen ansieht.
Dieser Gott ist sich nicht zu schade, unser Schicksal zu teilen: Er ist fremder Macht ausgeliefert, er steht am Rand, ihm bläst der Wind ins Gesicht. Und er teilt auch unser alltägliches Leben mit all seinen kleinen Siegen und schmerzhaften Niederlagen. Gott wird Mensch, das heißt: Alles, was wir tun und erleiden, unser Geborenwerden, die Erfahrung, keinen Platz zu haben, und das Wissen, sterben zu müssen, bekommt im Advent und an Weihnachten einen besonderen Rang zugewiesen. Es ist nicht mehr nebensächlich und unwichtig, dass wir sind. Sondern wichtig.

Der Advent macht uns aber auch deutlich: Gott wird immer mehr Mensch. Lange Zeit galt Gott als großer Zampano am Himmel. Der die Welt gemacht hat und das Leben von Menschen lenkt. Heute wissen wir: So stimmt das nicht. Wir wissen vom Urknall und der Evolution des Menschen. Dieser Weltenschöpfer Gott lässt sich heute nicht mehr erfahren. Aber der Gott, der Mensch geworden ist, der lebt. Der kommt uns nahe. Er zeigt es uns, zeigt uns, was es heißt, als Menschen zu leben.
Wenn wir also heute Advent feiern, dann kann das nur heißen, wir feiern, dass Gott immer wieder und immer mehr Mensch wird. Und dass wir dementsprechend glauben und leben und handeln müssen.

Lied

Dein Reich komme (Lass uns den Weg der Gerechtigkeit gehen) (Diethard Zils, Christoph Lehmann/Cristobal Halffter), in: LHE Nr. 282.

Bildmeditation: Die Frauen von der Plaza de Mayo

Leiter/in oder jemand aus dem Vorbereitungsteam
Das Bild mit Beamer/Overheadprojektor zeigen oder als Kopie allen zur Verfügung stellen.

Es gibt die Macht von oben. Die haben wir vor allem in unserem Machtspiel eben erfahren. Es gibt aber auch die Macht von unten.
Ein Beispiel. Die Plaza de Mayo, der Platz der Mairevolution, ist das Herz der argentinischen Hauptstadt Buenos Aires. Zwischen 1976 und 1983 herrschte in Argentinien das Militär mit einer brutalen Diktatur. Zehntausende von Menschen verschwanden damals in Gefängnissen, wurden umgebracht und verscharrt.
Am 30. April 1977 trafen sich auf der Plaza de Mayo 14 Frauen. Sie protestierten gegen das Verschwinden ihrer Kinder in den Fängen der Militärs. Auf dem Bild hält eine Frau die Bilder von Verschwundenen in der Hand. Die Form ihres Protests: Die Frauen umrundeten eine halbe Stunde stumm den Platz – Demonstrationen, wie wir sie kennen, waren verboten. Die Bewegung wuchs schnell. Immer mehr Frauen schlossen sich an. Es kam zu Problemen mit der Polizei. Viele der Frauen wurden inhaftiert und verschwanden ebenso spurlos wie ihre Angehörigen. Aber bis heute treffen sich die Madres, die Mütter von der Plaza de Mayo, und verlangen Auskunft, was mit den Menschen passiert ist, die in den Jahren der Diktatur ermordet wurden.
Um ihr Engagement fortzuführen, haben die Madres eine eigene Universität gegründet, sie bieten Veranstaltungen für Frauen(-gruppen) an und versuchen durch weltweite Vorträge, auf ihr Anliegen aufmerksam zu machen.
Gegen die Macht der Frauen von der Plaza de Mayo konnte das Militär nie wirklich etwas ausrichten. Die wehrlosen Frauen haben es den Mächtigen gezeigt. So kann Macht von unten aussehen.

Der Musiker Sting hat einen Song über die Frauen von der Plaza de Mayo geschrieben. Wir können ihn gemeinsam hören.

Sting: They dance alone

Während das Lied läuft, ist Zeit zur Bildbetrachtung.

Psalmgebet (Psalm 10 Auszüge)

Leiter/in oder jemand aus dem Vorbereitungsteam
Zu allen Zeiten haben sich Menschen an den menschgewordenen Gott gewandt. Haben zu ihm gebetet. Das wollen wir auch gemeinsam tun.

Herr, warum bleibst du so fern, verbirgst dich in Zeiten der Not?
In seinem Hochmut quält der Frevler die Armen. Er soll sich fangen in den Ränken, die er selbst ersonnen hat.
Denn der Frevler rühmt sich nach Herzenslust, er raubt, er lästert und verachtet den Herrn.
Überheblich sagt der Frevler: »Gott straft nicht. Es gibt keinen Gott.« So ist sein ganzes Denken.
Er liegt auf der Lauer in den Gehöften und will den Schuldlosen heimlich ermorden; seine Augen spähen aus nach dem Armen.
Er lauert im Versteck wie ein Löwe im Dickicht, er lauert darauf, den Armen zu fangen; er fängt den Armen und zieht ihn in sein Netz.
Er duckt sich und kauert sich nieder, seine Übermacht bringt die Schwachen zu Fall.
Er sagt in seinem Herzen: »Gott vergisst es, er verbirgt sein Gesicht, er sieht es niemals.«
Herr, steh auf, Gott, erheb deine Hand, vergiss die Gebeugten nicht!
Du siehst es ja selbst; denn du schaust auf Unheil und Kummer. Der Schwache vertraut sich dir an; du bist den Verwaisten ein Helfer.
Zerbrich den Arm des Frevlers und des Bösen, bestraf seine Frevel, sodass man von ihm nichts mehr findet.
Herr, du hast die Sehnsucht der Armen gestillt, du stärkst ihr Herz, du hörst auf sie:
Du verschaffst den Verwaisten und Bedrückten ihr Recht. Kein Mensch mehr verbreite Schrecken im Land.

Lied

Leiter/in oder jemand aus dem Vorbereitungsteam.
Als Antwort auf den Psalm singen wir gemeinsam den Kanon.

Den Armen Recht verschaffen (Thomas Laubach/Thomas Quast), in: LHE Nr. 286.

Fürbitten

Leiter/in oder jemand aus dem Vorbereitungsteam. Die Fürbitten können auch an verschiedene Personen verteilt werden.
Wir denken nicht nur an uns, sondern auch an andere Menschen. Unsere Bitten für andere bringen wir zu Gott. Wir antworten gemeinsam auf die Fürbitten: Du, Gott, Macht von unten – höre uns.

Alle: Du Gott, Macht von unten – höre uns.

1. Gott, es reicht mit den Machtspielchen, mit Mobbing und Dissen, mit Terror und Angst. Sei bei allen, die Nein sagen und sich diesen Machtspielen entziehen.

Alle: Du Gott, Macht von unten – höre uns.

2. Gott, du lässt alles mit dir machen. Schon vor deiner Geburt lässt du dich durch die Welt schicken, lässt dich aufs freie Feld schicken, von Henkern verfolgen. Und gibst trotzdem dein Menschsein nicht auf. Hilf allen, die heute ihr Menschsein leben wollen.

Alle: Du Gott, Macht von unten – höre uns.

3. Gott, du hast es allen gezeigt. Du hast andere nicht fertiggemacht, sondern sie darauf hingewiesen, dass sich Ohnmacht am Ende auszahlt. Dass die wahre Macht die Macht von unten ist. Steh allen bei, die ohnmächtig sind und leben.

Alle: Du Gott, Macht von unten – höre uns.

Vaterunser

Leiter/in oder jemand aus dem Vorbereitungsteam
All unsere Bitten wollen wir jetzt in dem Gebet zusammenbringen, das Jesus gebetet hat.

Vater unser im Himmel …

Segen

Leiter/in
Gott kommt anders. Er fällt nicht vom Himmel. Er bricht nicht durch Wände. Und erscheint auch nicht mit Pauken und Trompeten. So zeigt er uns: Auf diese Macht kommt es nicht an. Es kommt auf die Macht von unten an. Es kommt darauf an, dass Menschen menschlich leben und handeln, dass sich Gerechtigkeit ausbreitet, dass wir nicht vergessen, wie viel Macht ein wehrloser Mensch, ein Kind, ein Lächeln und ein freundliches Wort haben kann.
Und so segne euch Gott.
Gott schenke euch einen Blick für die Macht von unten.
Für die Macht, die kein Leben nimmt, sondern schenkt.
Für die Macht, die nicht unterdrückt, sondern aufrichtet.
Gott schenke euch einen Blick für das Leben.
Amen.

Schlusslied

Du kommst zu uns (siehe S. 68)

10 Abgrenzen

Um Himmels willen: Eltern

Zielgruppe:

Jugendliche. Ihnen bietet die offenere gottesdienstliche Form eine möglicherweise hilfreiche Wegbegleitung durch die Adventszeit.

Dauer:

Ca. 30–45 Minuten

Hinweis:

Im Zentrum dieses Gottesdienstes stehen zwei Aktionen zum Verhältnis der Jugendlichen zu ihren Eltern.

Material:

Liedzettel; Stifte; grüne, rote und gelbe Zettel A6 in jeweils einem Körbchen.

Chancen:

Advent ist die Zeit vor der Geburt, die Zeit auf die Vorbereitung einer Geburt, die Zeit des Wartens auf etwas, das geboren wird. Für Jugendliche bieten sich hier zwei Perspektiven an. Zum einen sind in dieser Zeit vor der Geburt die Eltern dominant. Sie tragen das Kind aus, kümmern sich um dieses Kind. Damit könnte für Jugendliche die Auseinandersetzung mit ihren eigenen Eltern auch Teil des Advents sein. Zum anderen sind Jugendliche selbst adventliche Menschen. Denn sie warten auch auf eine Geburt: Die Geburt des erwachsenen, selbstständigen Menschens in ihnen. Und es sind wieder die Eltern, die das oftmals – anscheinend – verhindern, die den Jugendlichen immer wieder deutlich machen: Hier sind Grenzen, hier bist du noch abhängig, hier bist du noch nicht selbstständig. Auch damit können sich Jugendliche in diesem Gottesdienst auseinandersetzen.

Vorbereitungen:

Die farbigen Zettel müssen vorbereitet werden.

Ablaufplan

Was?	Wer?
Begrüßung und liturgische Eröffnung	....
Lied	....
Aktion: »Elternampel«	....
Lesung (Ex 20,10)	....
Gespräch zur Lesung	....
Lied	....
Aktion: Meine Traumeltern	....
Gebet	....
Evangelium (Mt 1,18–24)	....
Predigtgespräch	....
Lied	....
Vaterunser	....
Blitzlicht: Was kann ich tun?	....
Danklied	....
Segen	....
Lied	....

Begrüßung und liturgische Eröffnung

Leiter/in oder jemand aus dem Vorbereitungsteam begrüßt
Oh Gott, Eltern! Jeder hat welche – aber manchmal möchte man sie nicht geschenkt haben. Stress mit Eltern: Den haben nicht nur Jugendliche. Auch viele Erwachsene kämpfen noch mit ihren Eltern. Weil die sie immer noch als Kind sehen. Und es ist ja auch so: Jeder Mensch ist Zeit seines Lebens Kind von Eltern. Ob uns das passt oder nicht. Und um Eltern, unsere Eltern, die Eltern Jesu, geht es heute in unserem Adventsgottesdienst.

Und eröffnet den Gottesdienst mit einem Kreuzzeichen

Und so beginnen wir diese Feier
im Namen des Vaters,
der uns auch Mutter ist;
im Namen des Sohnes,
der zu uns hält wie ein Bruder oder eine Schwester;
und im Namen des Heiligen Geistes,
der uns alle zu einer großen Familie verbindet.
Amen.

Lied

Ein neuer Anfang (siehe S. 13)

Aktion: »Elternampel«

Leiter/in oder jemand aus dem Vorbereitungsteam
Ein neuer Anfang. Das ist jede Geburt. Und jeder Start in das Leben. Für das Kind – und für die Eltern. Jede und jeder von uns hat Eltern, jede und jeder kennt andere Eltern.
Wie ist das mit den Eltern? Dieser Frage wollen wir nachgehen. Hier liegen rote Zettel. Da könnt ihr eine Antwort aufschreiben auf die Frage: Was finde ich an Eltern schrecklich? Und auf die grünen Zettel hier könnt ihr schreiben, was ihr an Eltern mögt. Ihr könnt dabei an eure Eltern denken, aber auch andere Eltern,

die Eltern eurer Freundinnen und Freunde, eurer Cousinen und Cousins. Dann wird gleich aus rot und grün eine ›Elternampel‹ entstehen.
Nehmt euch Zeit und schreibt immer nur eine Antwort auf einen Zettel.

Leiter/in oder jemand aus dem Vorbereitungsteam lässt die Körbchen mit den Zetteln und den Stiften herumgehen. Meditationsmusik kann im Hintergrund laufen. Wenn die Jugendlichen mit den Zetteln fertig sind, können diese mit den Körbchen diese wieder eingesammelt werden.

Wir lesen jetzt vor, was alles auf den Zetteln steht und hören, wie das ist, mit den Eltern.

In aller Ruhe lesen zwei Jugendliche abwechselnd die roten und grünen Zettel vor. Und breiten diese vor sich auf dem Boden aus. Am Schluss liegt auf dem Boden ein rot-grüner Teppich.

Lesung Ex 20,10

Leiter/in oder jemand aus dem Vorbereitungsteam
Das gibt ein gemischtes Bild, mit den grünen und roten Zetteln: Eltern tun uns gut, wir mögen sie manchmal sogar – und es gibt vieles, was wir an ihnen auszusetzen haben. Trotzdem heißt es in der Bibel, in einem Text, der bis heute bekannt ist, dem Dekalog, den Zehn Geboten so:

»Ehre deinen Vater und deine Mutter, damit du lange lebst in dem Land, das der Herr, dein Gott, dir gibt.«

Gespräch zur Lesung

Leiter/in oder jemand aus dem Vorbereitungsteam
Lasst uns mal zusammen überlegen. Was könnte damit gemeint sein: Ehre deinen Vater und deine Mutter?

Das geführte kurze Gespräch sollte auf zwei Aspekte abheben.

- *Exegetisch, also von der Bibelwissenschaft her, ist der Zusammenhalt der Familie für das Überleben in früheren Kulturen existenziell. Und die Kinder stellen die Alterssicherung der Eltern dar. Damit sichern sie ihren Eltern nicht nur die Lebensgrundlage, sondern auch ein freies, selbstbestimmtes Leben.*
- *Inhaltlich lässt sich das Gebot als Erinnerung verstehen: Indem ich die Eltern ehre, erinnere ich mich, dass ich abhängig bin. In zwei Richtungen: Ich verdanke meinen Eltern das Leben, nicht mir selbst. Sie haben mir viele Jahre hindurch das Leben erst ermöglicht. Das kann mich mit Dankbarkeit erfüllen. Und ich erinnere mich, indem ich die Eltern ehre, daran, dass auch ich einmal alt werde. Und dass ich dann auch darauf angewiesen bin, dass mich andere ehren, also gut behandeln.*

Lied

Ubi caritas et amor (Taizé)

Aktion: Meine Traumeltern

Leiter/in oder jemand aus dem Vorbereitungsteam
Wir haben gemerkt, es gibt gute Gründe, die dafür sprechen, die Eltern zu ehren. Trotzdem: Eltern sind, das zeigen die grünen und roten Zettel, halt auch nur Menschen. Ich lade euch ein, einen Schritt weiterzugehen. Stellt euch vor, ihr könntet euch die Eltern aussuchen: Was wäre euch wichtig? Nehmt dafür die gelben Zettel hier. Schreibt auf, was eure Traumeltern haben und machen sollen.

Wieder lässt die/ der Leiter/in oder jemand aus dem Vorbereitungsteam das Körbchen mit den Zetteln und den Stiften herumgehen. Meditationsmusik kann im Hintergrund laufen. Wenn die Jugendlichen mit den Zetteln fertig sind, können sie diese in der Mitte auslegen.

Ihr könnt jetzt lesen, was alles auf den Zetteln steht. Steht auf, und guckt euch die Zettel an.

Diesmal werden die Zettel nicht vorgelesen, sondern können in Stille gelesen werden. Diese Runde mit den Traumeltern bleibt erst einmal unkommentiert.

Gebet

Leiter/in oder jemand aus dem Vorbereitungsteam

Wir sind adventliche Menschen.
Wir warten auf unsere Geburt,
Darauf, dass wir endlich erwachsen sind,
Selbstständig.
Und selbstbestimmt leben.
Und wir träumen von Eltern,
Die uns das ermöglichen

Wir sind adventliche Menschen.
Wir warten auf unsere Geburt,
Darauf, dass wir endlich frei sind,
Nicht von den Eltern eingegrenzt.
Unabhängig.
Selbst entscheiden können.

Wir sind adventliche Menschen.
Sind mit Eltern gesegnet
Und manchmal gestraft.
Warten auf unsere Geburt.
Und übersehen oft genug,
Dass wir selbst unser Leben
In die Hand nehmen müssen,
Dass wir erst erwachsen werden,
Wenn wir selbst etwas dafür tun.

Evangelium Mt 1,18–24

Leiter/in oder jemand aus dem Vorbereitungsteam

Wir haben keine Traumeltern – und sind es selbst nicht oder werden es nie sein. Traumeltern gibt's auch nicht in der Bibel. Ganz im Gegenteil. Da sind zum Beispiel Maria und Josef. Von ihnen erzählt das Matthäusevangelium:

»Mit der Zeugung von Jesus Christus verhielt es sich so: Seine Mutter Maria war mit Josef schon rechtsgültig verheiratet, aber sie hatten die Ehe noch nicht vollzogen. Da stellte sich heraus, dass Maria ein Kind erwartete – durch die Wirkung des Heiligen Geistes. Josef, ihr Mann, war großmütig und wollte sie nicht vor Gericht bringen. Deshalb hatte er vor, sich stillschweigend von ihr zu trennen. Während er noch hin und her überlegte, erschien ihm im Traum der Engel des Herrn und sagte zu ihm: ›Josef, du Nachkomme Davids, scheue dich nicht, Maria, deine Frau, zu dir zu nehmen! Denn das Kind, das sie erwartet, kommt vom Geist Gottes. Sie wird einen Sohn zur Welt bringen; den sollst du Jesus nennen. Denn er wird sein Volk von aller Schuld befreien.‹ Dies alles geschah, damit in Erfüllung ging, was der Herr durch den Propheten angekündigt hatte: ›Die Jungfrau wird schwanger werden und einen Sohn zur Welt bringen, den werden sie Immanuël nennen.‹ Der Name bedeutet: ›Gott steht uns bei‹. Als Josef erwachte, tat er, was der Engel des Herrn ihm befohlen hatte, und nahm seine Frau zu sich.«

Predigtgespräch

Leiter/in oder jemand aus dem Vorbereitungsteam leitet in das kurze Gespräch ein. Hier soll nur ein Aspekt zu dieser Geschichte beleuchtet werden.
Ich möchte euch einladen, dass wir uns über diesen Text austauschen. Stellt euch vor, ihr seid Jesus, der Sohn von Maria und Josef. Und ihr lest diese Geschichte, die sich da vor eurer Geburt zugetragen hat. Was würde er wohl über seine Eltern sagen?

Das Gespräch sollte deutlich machen, dass die Eltern Jesu alles andere als Traumeltern, dass seine Familie alles andere als eine Heilige Familie ist. Und dass sich diese Eltern trotzdem für ihr Kind einsetzen, für das Ungeborene da sind, weil es sie braucht. Und das heißt: Gott braucht den Menschen, jeden Menschen. Und deshalb ist jeder Mensch so wichtig und einmalig, egal wo er herkommt und wie die Umstände seiner Zeugung und Geburt sind.

Lied

Als Abschluss des Predigtgesprächs
Da berühren sich Himmel und Erde (Thomas Laubach/Christoph Lehmann) in: LHE Nr. 2.

Vaterunser

Leiter/in oder jemand aus dem Vorbereitungsteam
Wir reden von Gott als Vater. Wir können uns immer dazu denken »... und Mutter«. So sprechen wir Gott an, wie unsere Eltern. Und so können wir alle Fragen und Probleme, die wir mit Eltern haben, aber auch alle glücklichen Momente, die wir mit ihnen erleben durften, in dieses Gebet mit hineinlegen, dass Jesus selbst gesprochen hat.

Vater unser im Himmel ...

Blitzlicht: Was kann ich tun?

Leiter/in oder jemand aus dem Vorbereitungsteam
Ich lade euch ein letztes Mal zu einer kleinen Gesprächsrunde ein. Jetzt wollen wir zum Schluss unseres Gottesdienstes die Perspektive umdrehen. Wir haben viele Ideen gesammelt, wie Eltern sein sollen. Aber jede und jeder von uns wird vielleicht einmal selbst Mutter oder Vater. Klar, dass wir dann Traumeltern sein wollen. Aber vielleicht gibt es ja etwas, das wir jetzt schon, als Jugendliche, davon umsetzen können? Guckt euch alle Zettel noch mal an. Was könnte ich jetzt schon in meinem Leben davon verwirklichen, von dem, was ich mir selbst von Eltern erwarte?

Es ist an ein kurzes Blitzlicht gedacht. Alle bekommen etwas Zeit, die Zettel noch mal zu lesen, dann wird reihum aufgefordert, kurz einen Gedanken zu benennen.

Danklied

Laudate omnes gentes (Taizé)

Segen

Leiter/in oder jemand aus dem Vorbereitungsteam

Guter Gott,
du hast es dir nicht leicht gemacht

mit deinem Weg zu den Menschen.
Hast dir eine ganz und gar unheilige Familie
und widrige Umstände ausgesucht,
um zur Welt zu kommen.

Guter Gott,
auch Jesus hat es mit seinen Eltern nicht leicht gehabt.
Schon vor seiner Geburt.
Und trotzdem hat sich daraus
eine unglaubliche Geschichte entwickelt,
die uns heute noch fasziniert.

Guter Gott,
stärke uns auf unseren Wegen,
auf denen wir immer Kind von Eltern bleiben werden,
und die wir immer mehr ohne Eltern gehen werden.

Und so möge euch Gott immer begleiten
auf eurem Weg zum Erwachsen-Sein.
So möge euch Gott immer unterstützen
auf eurem Weg in die Selbständigkeit.
Und so möge euch Gott immer wieder erinnern,
dass euer Leben anderen verdankt ist,
dass euer Leben für andere wichtig ist,
dass ihr anderen am Herzen liegt.
Amen.

Schlusslied

Unter Gottes Schutz (Thomas Laubach/Thomas Quast) in: LHE Nr. 93.

Quellenhinweise

Die Bibeltexte sind entnommen aus:
Einheitsübersetzung der Heiligen Schrift

In wenigen Fällen ist es uns trotz großer Mühen nicht gelungen, alle Inhaber von Urheberrechten und Leistungsschutzrechten zu ermitteln. Da berechtigte Ansprüche selbstverständlich abgegolten werden, ist der Verlag für Hinweise dankbar.